思想政治理论课教学研究

教育部2017年度高校示范马克思主义学院和优秀教学科研团队建设项目（重点选题）

——思想政治理论课选修课程建设的理论与实践研究（17JDSZK036）资助

主编◎祁　明

同济大学出版社
TONGJI UNIVERSITY PRESS
·上海·

图书在版编目(CIP)数据

思想政治理论课教学研究 / 祁明主编. -- 上海：同济大学出版社，2021.8

ISBN 978-7-5608-9859-9

Ⅰ.①思… Ⅱ.①祁… Ⅲ.①高等学校—思想政治教育—教学研究—中国 Ⅳ.①G641

中国版本图书馆 CIP 数据核字(2021)第 156390 号

思想政治理论课教学研究

主编 祁 明

责任编辑 张 莉　助理编辑 任学敏　责任校对 徐春莲　封面设计 渲彩轩

出版发行 同济大学出版社　www.tongjipress.com.cn

(地址:上海市四平路 1239 号　邮编:200092　电话:021-65985622)

经　销 全国各地新华书店

印　刷 江苏凤凰数码印务有限公司

开　本 710 mm×960 mm　1/16

印　张 13.25

字　数 265 000

版　次 2021 年 8 月第 1 版　2021 年 8 月第 1 次印刷

书　号 ISBN 978-7-5608-9859-9

定　价 58.00元

前　　言

党的十八大以来，以习近平同志为核心的党中央高度重视思想政治理论课建设，反复强调思想政治理论课的关键性与重要性，围绕深化新时代思想政治理论课的守正创新发表了一系列新思想、新理念、新观点，作出了一系列重大决策部署，着力推进新时代思想政治理论课建设。教育是国之大计、党之大计，肩负着培养时代新人的重任，在我国教育事业发展过程中，思想政治理论课是落实立德树人根本任务的关键课程，在培养时代新人方面发挥着不可替代的作用，因此，思想政治理论课建设意义重大。

新时代，思想政治理论课被赋予了新的历史使命，同时也对思想政治理论课的建设提出新的更高要求。习近平总书记在2016年全国高校思想政治工作会议上对做好高校思想政治工作提出了全面要求，其中特别强调"要用好课堂教学这个主渠道"；同样，在2019年学校思想政治理论课教师座谈会上也要求"我们办中国特色社会主义教育，就是要理直气壮开好思政课"。2018年教育部《新时代高校思想政治理论课教学工作基本要求》，2020年中共中央办公厅、国务院办公厅《关于深化新时代学校思想政治理论课改革创新的若干意见》，2021年中共中央宣传部、教育部《新时代学校思想政治理论课改革创新实施方案》以及上海市出台的一系列思想政治理论课改革创新行动计划，都是致力于让活的理论、活的实践融入教育教学全过程，让信仰坚定、学识渊博、理论功底深厚的教师讲信仰，让课堂更有思想性、理论性和亲和力、针对性，让"开门办思政"的活力更足、合力更强。

近年来，上海对外经贸大学马克思主义学院积极推进思想政治理论课改革，依托2017年度高校示范马克思主义学院和优秀教学科研团队建设项目(重点选题)——思想政治理论课选修课程建设的理论与实践研究(17JDSZK036),以思政课程和课程思政建设为主线,形成“一体四翼”建设格局。“一体”即思政课的五门必修课——“马克思主义基本原理概论”“毛泽东思想和中国特色社会主义理论体系概论”“中国近现代史纲要”“思想道德修养和法律基础”和“形势与政策”,“四翼”即思政选修课——价值观导向系列、中国系列、上海系列和中华优秀传统文化系列。“一体”与“四翼”同向同行,同频共振,不断提升学生获得感,形成了一系列教学改革论文。为了更好推动高校思想政治理论课建设,我们编写了这本教学论文集,全书由祁明统稿。本书结合新时代国内外形势的变化、结合党中央对思想政治教育的最新要求、结合新时代大学生的群体特点等,提出了一些新的理念与思路,希望本书能为国内高校各位从事思想政治理论课教学研究的同人提供一些建设性思考。

在本书付梓之际,谨对支持本书出版的同济大学出版社张莉编辑表示诚挚的感谢。受时间和水平所限,本书有的论述有待深入,疏漏和不当之处敬请广大读者批评指正,以便不断完善。

编　者

2021 年 6 月

目　　录

思政课程篇

课程思政篇

立德树人篇

思政课程篇

关于思想政治理论课选修课程建设的思考*

祁 明

【摘要】 作为思政课的重要组成部分，思政课选修课同样承担着立德树人的使命。思政课选修课作为思政课必修课的有益拓展与补充，当前必须重视其课程设置的重要意义。虽然思政课选修课在教学实践中获得了一些成功经验，但出现的一些倾向也不容忽视，其背后原因是没有处理好守正与创新的关系。当前，中国特色社会主义进入新时代，对思政课选修课建设提出了新要求，未来需要从顶层设计、制定建设标准、创新内容与方法、选优配强师资、突出社会实践考核等方面实现育人目标。

【关键词】 思政课选修课　倾向　路径

2019年3月，习近平总书记在学校思想政治理论课教师座谈会上提出，思想政治理论课是落实立德树人根本任务的关键课程[1]。这关系到高校培养什么样的人、怎么培养人、为谁培养人这一根本问题。思想政治理论课(以下简称"思政课")课程建设长期以来已经获得了一些成功经验并形成了一系列规律性认识，但在课堂教学这个主渠道中，还需要推动改革创新，不断增强思政课的思想性、理论性、亲和力和针对性，以满足学生成长发展需求和期待。思政课课程是一个完整体系，从纵向来看，其覆盖大中小学各学段，根据学生的身心特点循序渐进、螺旋上升，各有侧重点，引导学生立德成人、立志成才，树立正确世界观、人生观、价值观，坚定对马克思主义的信仰，坚定对社

* 本文系教育部2017年度高校示范马克思主义学院和优秀教学科研团队建设项目(重点选题)——思想政治理论课选修课程建设的理论与实践研究(17JDSZK036)阶段性成果。

会主义和共产主义的信念,增强“四个自信”,知行合一,自觉融入全面建设社会主义现代化国家新征程之中。从横向开课,包括必修课和选修课两类课程,二者各有侧重,必修课程是思政课教学的提纲挈领和精要之处,选修课程是在必修课程基础上的拓展和深化,进一步扩大学生的知识面,完善学生的情感态度、价值观,以实现二者整体联动,获取最大的教学成效。本文主要着眼于结合已有的实践,探讨大学阶段思政课选修课课程建设情况。

一、高校思政课选修课设置的必要性

1. 高校思政课必修课教学的必然要求

以本科生为例,当前高校思政课主要是“马克思主义基本原理概论”“毛泽东思想和中国特色社会主义理论体系概论”“中国近现代史纲要”“思想道德修养与法律基础”“形势与政策”五门课,涵盖了哲学、法学、政治学、经济学、历史学等多学科知识,涉及政治、经济、文化、生态、军事、国防、外交等诸多领域。在相对稳定的教学体系与内容下,日常教学显然无法做到面面俱到,一般只能作简要概述。而思政课选修课可以在某一领域加以理论深化或者背景知识扩充,并且及时吸收中国特色社会主义学科体系的最新研究成果,可以视为对思政课必修课程的有益补充。

2. 大学生学习规律的必然要求

大学课程选修制是由美国哈佛大学前校长查理斯·艾略特(Charles W. Eliot)在19世纪末倡导并逐步在当代西方国家的大学中加以推广的制度。选修制推行的主要考量在于,让大学的课程设置更宽泛,且课程能够与大学生的个性特点相匹配,满足不同层次学生的不同兴趣,从而激发学生的内在学习动力,提高大学的教育质量。这一制度实施以来,虽然也产生了一些问题,但这并不影响制度存在的合理性,因为选修课开设相对比较灵活,由学生自主选择,符合学生大学阶段的学习规律。

3. 高校思政课改革创新的必然要求

进入新时代，在加快推进教育现代化、建设教育强国、办好人民满意的教育背景下，高校思政课守正创新势在必行。目前全国各地各高校大多对思政课必修课的教学方法、方式进行创新，但必修课教学内容创新受课程属性的限制，无法进行大刀阔斧的改革。因此，思政课改革创新可以以选修课为切入点，根据中国各地的特点，进行一些有益的尝试，开设具有地方特色的选修课课程内容，如上海各高校把马克思主义基本原理与中国经济社会发展、学校学科专业特色以及学生个人成长结合起来，普遍开设的“中国系列”选修课程，取得了良好的效果。这些探索也符合中央的要求，2018 年教育部印发的《新时代高校思想政治理论课教学工作基本要求》明确提出“鼓励各地各高校结合实际开设思想政治理论课选修课”①。2019 年中共中央办公厅、国务院办公厅印发的《关于深化新时代学校思想政治理论课改革创新的若干意见》中关于“调整创新思政课课程体系”，提出“在保持思政课必修课程设置相对稳定基础上，结合大中小学各学段特点构建形成必修课加选修课的课程体系”；“各高校要重点围绕习近平新时代中国特色社会主义思想，党史、国史、改革开放史、社会主义发展史，宪法法律，中华优秀传统文化等设定课程模块，开设系列选择性必修课程”②。

4. 高校思政课教师发挥积极性的客观要求

目前高校思政课师资队伍突出的问题是，学缘结构很复杂，真正学过思想政治教育专业的教师并不是很多，相当部分教师的学科背景是哲学、历史学、经济学，加上近年来博士学历成为入职高校思政课队伍的标配，这使得这部分思政课教师在这些学科领域进行了相当长时间的学术训练，具有了浓厚的专业背景。长期以来，受制于无法顺利找到专业科研与思政课教学之间的结合点，进而无法实现科研与教学良性互动，最终影响了教学效果。因此，思

① 教育部网站：http://www.moe.gov.cn/srcsite/A13/moe_772/201804/t20180424_334099.html。
② 中国政府网：http://www.gov.cn/zhengce/2019-08/14/content_5421252.htm。

政课教师通过开设相关思政课选修课，可以发挥自身专业优势，积极转化自身科研成果，有利于思政课教师创造能力的发挥。

二、当前思政课选修课设置存在的问题

当前，基于思政课选修课没有统一的课程设置规范和内容建构标准，在实践中出现了如下三种倾向。

1. 教学导向重学术轻政治

部分教师在思政课选修课中缺乏基本的马克思主义理论素养，缺乏抵制错误言论的勇气，不自觉地在教学中淡化了政治性要求。在课堂上面对新自由主义、历史虚无主义等社会思潮，不敢用马克思主义基本原理和中国特色社会主义理论进行有效回击。在教学中为了展示自己的学术研究成果，打着"学术中立"的幌子，不加甄别地将西方观点进行散播，对处于人生"拔节孕穗期"的大学生进行错误引导，忽略了思政课选修课的宗旨和要求。

2. 教学方法娱乐化

部分教师在思政课选修课课堂上，一改必修课的严肃话语模式，取而代之的是所谓的犀利诙谐：历史被戏说、主流价值观遭调侃、善恶美丑之界限被模糊、昔日的宏大叙事日渐消解在平凡琐屑的拼贴、戏仿与杂糅之中[2]。表面上看，教师妙语连珠，学生神采飞扬，教学高潮迭起。只是课后，除了那些笑话和八卦，学生往往想不起到底学了什么。思政课选修课出现了课堂本末倒置的情况，真正的任务却被有意无意地边缘化了。

3. 教学内容随意性

部分教师在思政课选修课上，一改思政课必修课马克思主义理论学科的教学逻辑，出现教学目标不明确，系统性不强，教学组织随意性较大的现象，把本该逻辑完整的教学内容体系蓄意"肢解"为条块，分割为方便自身演绎的若干教学知识点，这种缺乏理论滋养、思想内涵和精神营养的教学行为，显然

窄化了思政课主渠道，矮化了其学理深度[3]。

出现上述现象的主要原因在于，没有在思政课选修课建设中坚持守正与创新相统一的原则。守正是指思政课选修课需要坚持政治方向，牢牢守住价值引领的初心；创新是指思政课选修课需要在遵循思想政治工作规律的基础上，立足所在地区，特别是各高校自身实际，大胆变革、推陈出新，增强课程的时效性与针对性。二者相辅相成，如果没有守正，就会迷失方向；如果没有创新，就会弱化引导功能。思政课选修课教学只有将守正与创新有机结合起来，才能更好发挥其彰显时代核心价值、观照国家社会热点、引领学生全面发展的作用。

三、“大思政”背景下思政课选修课课程建设的路径

针对上述问题，结合自身实践已有的探索，围绕新时代坚持和发展中国特色社会主义理论和实践，本文构建如下路径。

1. 做好课程体系顶层设计

思政课选修课建设是一项系统工程，需要有总体规划。这里需要解决两个问题：一是明确教育理念，二是建立课程模块。一般而言，思政课选修课课程体系需要坚持马克思主义指导地位，围绕立德树人根本任务，贯彻落实习近平新时代中国特色社会主义思想这一思政课建设理念，并在此基础上，结合各高校的人才培养定位，构建起不同的课程模块。以笔者所在的上海对外经贸大学为例，其作为一所财经类高校，着眼于培养具有通用语言、通用规则、通用工具和通用管理特质的“四通”人才，构建起“一体四翼”模式全面覆盖、类型丰富、层次递进、相互支撑的立体思政课选修课课程体系。马克思主义学院结合已有课程和拟增开课程，逐步形成以思政必修课为“体”，以“中华优秀历史人物价值观评议”为代表的价值观引领类、以“人文中国”为代表的中华传统文化类、以“开放中国”为代表的改革开放史类和以“当代世界经济

与政治”为代表的时政形策类思政课选修课程为“翼”的“蝴蝶式”思政课程体系，使之成为深化思政课教学的多通道与宽平台，构建必修课与选修课整体联动的思政课教学模式。如图 1 所示。

图 1　“蝴蝶式”思政课程体系

2. 科学规范课程建设标准

思政课选修课课程首先是一门规范性课程，应该具有一套科学、合理的课程标准。首先，课程必须具备完整的教学大纲、稳定的师资、合理的学时和学分等要素。其次，思政课选修课与思政课必修课一样，需要具备强烈的意识形态属性，具有相同的指导思想，这是思政课选修课区别于高校其他选修课程的本质特征。具体要求包括：一是课程功能地位的思政性，着眼于服务好现有思政课必修课，培养大学生马克思主义理论与思想道德的综合素质。二是课程价值引领的思政性，课程必须坚持以马克思主义为指导，以习近平新时代中国特色社会主义思想为指引，以政治认同、家国情怀、道德修养、法治意识、文化素养为重点，通过故事讲道理，通过道理讲价值，通过价值讲认同。三是课程教学内容的思政性，每门课程坚持爱国和爱党、爱社会主义相统一，系统进行中国特色社会主义和中国梦教育、社会主义核心价值观教育、法治教育、劳动教育、心理健康教育、中华优秀传统文化教育等。

3. 改革创新课程教学内容与方法

思政课选修课对于大学生的主要吸引力在于问题导向，因此课程大纲设计改变了传统的教学内容体系，教学内容设计以问题作为统领，采取“直击问题 + 解答问题”模式。在讲授知识内容时，一般结合当前重大理论现实、前沿问题加以解析，在“层层剥笋”的讲解中对学生加以思想引导，让大学生在思政课必修课上所学的基本理论知识与中国实际和生活实际紧密联系起来，引发学生深刻思考，让学生在“共情”中产生“共鸣”。

习近平总书记强调：“做好高校思想政治工作，要因事而化、因时而进、因势而新。”①因此，在具体授课过程中，任课教师可以根据课程特点，采取富有个性化，灵活多样的教学方法，融合课堂主讲、现场回答、网上互动、课堂反馈等多种教学方式，寓社会主义核心价值观的精髓要义于多样化的课堂教学之中，在引人入胜、潜移默化中实现育人目标。这里值得一提的是，随着新一代信息技术革命的迅猛发展，互联网已经成为作为网络“原住民”的大学生日常学习生活不可或缺的一部分，思政课选修课的网上互动并不是简单的你问我答的形式，而是在课程中引入在线优质教育资源，建立起“翻转课堂”，培养学生研究性学习和协作式学习的能力。

4. 选优配强课程教师团队

思政课选修课功能的最大发挥离不开教师的作用。习近平总书记说过，办好思政课关键在于发挥教师的积极性、主动性、创造性。在信息爆炸的时代，部分选修课程仅仅靠一名思政课教师承担略显单薄，从长远看，课程建设需要一个集结全校师资力量的团队协作完成，鼓励专业课教师参与其中，让高校中更多的专家走上思政课选修课讲台，借助“名师效应”大大提升课程的知名度和号召力，树立起课程的良好口碑，产生良性循环，走一条行之有效、立竿见影的“师资攻坚”道路。

---

① 习近平在全国高校思想政治工作会议上强调：把思想政治工作贯穿教育教学全过程　开创我国高等教育事业发展新局面[N].人民日报，2016 - 12 - 09。

5. 突出社会实践课程考核

习近平总书记说："要重视思政课的实践性，把思政小课堂同社会大课堂结合起来，教育引导学生立鸿鹄志，做奋斗者。"思政课选修课可以设立"非标"考核方式，改变传统的课堂内卷面考核"一考定分数"方式，增加社会实践考核，激发学生将思政课选修课中对社会热点、前沿理论的解读重新回归到社会中去，通过社会实践深化学生道德认知、责任感知，将思政教育融入社会实践大课堂。

总之，思政课选修课课程作为新时代思政课建设的重要抓手，需贴近新时代高校青年大学生的思想实际与成长成才的现实需要，让党的创新理论成为课程内容的鲜明底色，唱响21世纪马克思主义的主旋律，夯实大学生成长成才的科学思想基础，引导高校广大青年大学生爱国、励志、求真、力行，立鸿鹄志、做奋斗者，自觉以党的旗帜为旗帜，以党的方向为方向，以党的意志为意志，树立永远跟党走的坚定理想信念，成为能够担当民族复兴大任的时代新人和德智体美劳全面发展的社会主义建设者和接班人。

参考文献

[1] 习近平.习近平谈治国理政：第三卷[M].北京：外文出版社，2020.

[2] 肖健，邓线平.教学娱乐化与高校思想政治理论课教学改革[J].思想政治教育研究，2014(2)：58-60.

[3] 刘顺，高玉林.新时代高校思政课"有效教学"亟待破解的"三对矛盾"[J].文化软实力，2018(4)：80.

新时代高校思政课教学改革探索*

秦淑娟

【摘要】 思想政治理论课是落实立德树人的关键课程。根据教育部对高校思想政治理论课的要求，上海对外经贸大学马克思主义学院积极推进思想政治理论课综合改革，取得了一定的成果，但仍然面临诸多困境，因此，必须加强学习，增强教师使命感和责任感；加强培训，提升教师的业务能力；完善教学管理制度，规范教学活动；完善在线课程建设，探索混合式教学模式；推进实践教学、打造特色品牌，提高教学的有效性。

【关键词】 思想政治理论课教学　改革创新　教学有效性

党的十八大以来，以习近平同志为核心的党中央高度重视高等教育事业发展和高校思想政治工作，召开了全国高校思想政治工作会议、全国教育大会、学校思想政治理论课教师座谈会。习近平总书记围绕思想政治教育的相关重点工作、重点问题提出了一系列新思想、新要求，为高校思想政治教育及思想政治理论课（以下简称思政课）教学进一步明确了方向、强化了要求、规划了路径[1]。2018 年 4 月 12 日，教育部印发了《新时代高校思想政治理论课教学工作基本要求》，2019 年 8 月 14 日，中共中央办公厅、国务院办公厅印发了《关于深化新时代学校思想政治理论课改革创新的若干意见》，再次强调深化新时代学校思想政治理论课改革创新的重要意义和总体要求，这既是国家推进教育现代化的顶层设计，也是高校思想政治教育工作开展的

* 本文系 2019 年教育部示范马克思主义学院和教研团队项目“思想政治理论课社会实践教学方法创新研究”(19JDSZK145)研究成果。

根本遵循[2]。上海对外经贸大学马克思主义学院，积极探索了思政课教学改革创新。

一、高校思想政治理论课教学改革路径探索

马克思主义学院是承担全校思想政治理论课教学的部门，应因事而化、因时而进、因势而新，围绕立德树人的根本任务，全面推动习近平新时代中国特色社会主义思想进教材、进课堂、进头脑，引导大学生树立正确的世界观、人生观、价值观，努力把思政课办成铸魂育人的重要阵地。坚持在改革中加强思想政治理论课建设，充分发挥思想政治理论课育人主渠道作用，不断提高大学生对思想政治理论课的获得感。

（一）加强队伍建设，提升教师育德能力和水平

习近平强调："办好思想政治理论课关键在教师，关键在发挥教师的积极性、主动性、创造性。思政课教师要给学生心灵埋下真善美的种子，引导学生扣好人生第一粒扣子。"①并对思政课教师提出了"六个要"的要求：思政课教师首先政治要强，就必须要有较强的政治意识，树立政治理想，把握政治方向，站稳政治立场，保持政治定力，在大是大非面前保持清醒的政治头脑，这是对思政课教师的第一要求；思政课教师情怀要深，心里要永远装着国家、民族和人民；思维要新，要跟上时代步伐，与时代同频共振；视野要广，要有宽广的知识视野、国际视野和历史视野；自律要严，严格要求和约束自己；人格要正，思政课教师要具有高尚的道德品质，坚守道德本色。只有这样，教师才能做学生锤炼品格的引路人，做学生学习知识的引路人，做学生创新思维的引路人，做学生奉献祖国的引路人②。为此，上海对外经贸大学马克思主义学

---

① 人民日报评论员.办好思政课关键在教师——论学习贯彻习近平总书记在学校思政课教师座谈会上重要讲话[N].人民日报，2019-03-10.

② 努力培养出更多更好的人才——习近平总书记在北京市八一学校考察时的讲话引起热烈反响[N].人民日报，2016-09-11.

院(以下简称学院)加强对教师的培养,通过理论学习培训、典型示范引领、老带新指导、同龄互学互鉴、制度保障等方法和措施,增强思政课教师的责任感,提高教师的育德能力。同时鼓励教师服务社会、服务学校师生,为学生社团上党课、开设学术讲座,担任学生辩论赛、演讲比赛评委等;承担党校、团校多项教学任务,为党员发展对象、入党积极分子、预备党员开设专题讲座,为社区、企业上党课,使教师在服务社会、服务师生中提升自己、奉献自己,不断增强立德树人的责任感和使命感,不断提高育德能力和水平。

(二)深化教学改革,增强思政课的亲和力和感染力

思想政治理论课是落实立德树人根本任务的关键课程。守好课堂育人主阵地是教师的主要责任,积极推进习近平新时代中国特色社会主义思想的“三进”工作,同时积极进行思政课的改革和创新。

1. 推进线上与线下混合性教学

随着信息技术的发展,线上教学已成为一种新的教学方式。网络空间是大学生日常生活的重要组成部分,我国网民以青少年、青年和中年群体为主。2020 年 9 月,中国互联网络信息中心(CNNIC)发布了第 46 次《中国互联网络发展状况统计报告》。报告显示,截至 2020 年 6 月,我国网民规模为 9.40 亿,10 岁以下网民占比 3.5%;10 岁～19 岁网民占比 14.8%;20～29 岁,30～39 岁网民占比分别为 20.4%,19.9%;40～49 岁网民群体占比为 18.7%①。20～29 岁网民占比高于其他年龄群体。因此,在大学生中进行网络教学适应当代大学生的需求。2018 年,学院开始进行“毛泽东思想和中国特色社会主义理论体系概论”线上课程建设,突破时间和空间对于教学活动的限制,建设线上习题和测试题、视频等教学资源,组织课前、课中和课后相联系的线上与线下混合教学,扩大了教学影响,增强了学生学习的主动性,提

① 2020 年 9 月 29 日,中国互联网络信息中心(CNNIC)发布的第 46 次《中国互联网络发展状况统计报告》,https://www.mpaypass.com.cn/download。

升了学生的学习效率和学习兴趣。为了应对 2020 年突发的新冠肺炎疫情，学院为 15 所兄弟院校的 2 万余名学生提供了教学资源。

2. 强化走访调研体验式教学

让大学生通过实践来认识事物，在亲身经历的学习与探究活动中获得感受，利用课堂所学理论知识分析问题、解决问题，用实践去验证理论，提高学生分析问题、解决问题的能力。2018 年，学院开展了“走企业　看改革——献礼改革开放 40 周年”社会实践活动，学生重点调研外贸企业，撰写了 340 份感悟报告，调研报告入选教育部《高校思想政治工作研究文库》。2019 年，学院开展了“走乡镇　看巨变——献礼新中国成立 70 周年”社会实践活动，2020 年开展了“走三农　看小康——献礼全面建成小康社会”社会实践活动，学生奔赴全国各地进行广泛调研，两年分别撰写了 70 份、100 份的调研报告，感悟 20 余万字。在体验中增强了师生对马克思主义理论和中国特色社会主义理论的理解和掌握，增强了对改革开放和现代化建设的信心，增强了对中国特色社会主义的道路自信、理论自信、制度自信、文化自信。

3. 革命圣地沉浸式教学

为了让学生更好地理解中国为什么选择马克思主义，为什么选择中国共产党，为什么选择社会主义，为什么选择改革开放，学院与上海龙华烈士纪念馆共建研学育人基地，携手打造红色育人课堂。每年清明节前后，组织学生到革命烈士纪念地祭奠先烈，讲述英烈事迹，学生制作中国结、剪纸、千纸鹤等向英雄致敬，学生们撰写的给秋瑾烈士的信、给邹碧华烈士的诗歌表达了对烈士的崇敬心情，学生融入红色氛围中，真正感受到了信仰的力量。有同学说：“这样一次新奇、接地气的实践课让我体会到信仰的力量。”该做法得到媒体广泛关注，新华网、光明网、中国教育在线网等 10 余家媒体进行了广泛报道。2020 年 4 月，学院开设“缅怀先烈，致敬英雄”在线直播课程，本校 2 500 名学生与 511.49 万网友同上一堂思政课，学生撰写感悟 200 余万字。

4. 开展“互联网＋教学”

马克思主义经典著作既蕴含和集中体现着马克思主义基本原理，也包含着作者在当时的具体历史环境下运用基本原理分析具体情况、解决实际问题的大量范例和宝贵经验，是中国共产党人宝贵的精神财富，是我们党的信仰之本。习近平总书记指出：“只有认真学习马克思主义经典著作，系统掌握马克思主义基本原理概论，才能完整准确地理解中国特色社会主义理论体系，才能创造性地运用马克思主义立场观点方法去分析和解决我们面临的实际问题，不断把中国特色社会主义事业推向前进。”①在网络技术快速发展的情况下，开设“互联网＋教学”，在网上开设“经典导读”“感悟经典”“图解经典”“诵读经典”“师生论典”等栏目，教师与学生共同学习、共同研讨，通过“读经典、悟经典”，让学生在字里行间与伟人进行“原汁原味”的对话，用经典理论和先进思想武装头脑，激发学生为中华民族伟大复兴而奋斗的精神动力。

（三）课程思政与思政课程同向同行，同频共振

高校除了开设思政课外，还开设专业课、通识选修课、社会实践课等多门课程，这些课程并不仅仅是单纯传授知识，而是增加德育元素，发挥各门课程育人的作用，各类课程与思想政治理论课同向同行，形成协同效应。学院加强了“人文中国”“古诗词鉴赏”“开放中国”等 40 门选修课的建设，按价值观导向系列、中国系列、上海系列、中华优秀传统系列分类纳入课程思政建设中，与四门必修课同频共振。

通过上述所采取的措施，学院思政课教学改革取得了较好的成绩。2017 年，“思想政治理论课选修课程建设的理论与实践研究”获教育部示范学院优秀教学科研团队项目（重点选题）。2018 年，学院暑期社会实践撰写的调研报告“立德树人　实践育人——改革开放四十周年社会实践调研报告”入选

① 习近平出席中央党校春季学期第二批入学学员开学典礼上的讲话，http://tv.people.com.cn/GB/166419/14634577.html。

教育部《高校思想政治工作研究文库》。2019年，“思想政治理论课实践教学方法创新研究”获教育部示范学院优秀教学科研团队项目，“高校思想政治理论课‘三维三融’实践教学模式创新研究”获上海高校本科重点教改项目立项。2019年，“毛泽东思想和中国特色社会主义理论体系概论”“马克思主义基本原理概论”两门课程获上海市教委本科重点课程立项，2020年，“中国近现代史纲要”课程获上海市本科重点课程立项，“古诗词鉴赏”入选上海高校优质混合在线课程示范案例集，“思想政治理论课社会实践”课程获首批国家一流本科课程。

二、高校思政课教学的现实困境

高校思政课教学改革虽然取得了一定的成绩，但是仍然存在诸多问题，对于学生的要求还有一定的距离，在发挥思想政治理论课育人功能方面还有很大的提升空间。

1. 重理论教学，轻实践教学

课堂教学的特点是理论的讲授，是传递信息的主要途径，但理论的理解离不开实践。实践教学是高校思政课的重要组成部分。党中央非常重视实践教学，从2004年中共中央、国务院颁布《关于进一步加强和改进大学生思想政治教育的意见》，提出坚持政治理论教育与社会实践相结合，到2018年，教育部关于印发《新时代高校思想政治理论课教学工作基本要求》的通知，多次强调实践育人。目前，我国高校思想政治理论课教学的主要教学活动仍然是课堂的理论教学，即使有实践教学，也是注重课堂实践、校内实践，真正走向社会的实践并不多；强调学生实践多，忽视思政课教师实践，也大大影响了实践教学的教学目的和效果。

2. 重科研，轻教学

古人云：“师者，所以传道受业解惑也。”习近平强调：“教师职责第一位的就应该是传道。”然而，目前我国很多高校对教师的考核不是看教师的教学质量和效果如何，而是对科研成果进行考核，考核重点是发表论文、出版专著、申报成功课题的数量和质量。而本应成为教师本职最重要的考核要求的教学环节则往往被忽略。思政课教师在教学的同时进行科学研究无可厚非，从事科学研究有利于教学质量的提高，但过分地强调科研成果使教师把更多的时间和精力用于科研，弱化了教学，这是导致教师教学能力下降、教学效果不理想的重要因素。

3. 教师理论素养有待提高

深厚扎实的理论功底是教师提高思政课教学质量的基础，然而部分高校教师在马克思主义理论和中国特色社会主义理论方面的知识储备不足、更新速度较慢，没有把握马克思主义理论与时俱进的品质，难以实现“源头活水常新”；还有部分教师对社会时政知识的关注度不够、熟悉度不高，没有把握其时代性、现实性的内在特点；运用马克思主义理论分析问题解决现实问题的能力较弱，这在一定程度上削弱了教学内容的吸引力和感染力，影响了思政课的教学效果。

4. 思政课堂教学吸引力不够强

在思政课堂教学中，青年思政课教师教学经验不足，把控课堂能力不强，存在教师“照本宣科”的现象；思政课教师运用信息化教学手段不够，还不能把自媒体和课堂教学相融合，不符合现代教育的发展趋势；对思政课教学改革意识不强、兴趣不高；思政课教学研究投入不足，教学研究成果还不够多；对学生思想状况、个性特征和主体需求了解不深入，未能走进大学生的内心世界，这些都导致了思政课堂教学活动的吸引力不强，影响了思政课教学效果的提高。

5. 激励机制不够完善

按照中央文件，各高校在专业技术职务（职称）评聘工作中，要单独设立马克思主义理论类别，但目前大多数高校没有落实，一些高校把思政课教师与专业课教师的考评同等对待。还有一些高校在自行制定学科、教学条例时较少考虑,甚至不考虑思政课教师教学任务重、教学投入多等特殊情况,这种不合理的机制未有效地发挥促进思政课教师良好发展的正向激励与引导功能,严重影响思政课教师对教学工作的热情和积极性。

6. 思政课教师流失问题比较突出

近年来,高校思政课发展迎来了新机遇,上级文件多次强调按 1∶350 师生比的比例配置思政课专职教师,但一些高校思政课教师队伍建设没有完全达标,高校学院出现了“抢人”大战。还有的高校为了申报博士点,也加入了“抢人”大战,因此,一些高水平的教授被高薪挖走的现象不断出现,思政课教师流失严重,这在一定程度上影响了思政课的正常教学工作。

三、深化新时代高校思政课教学改革创新的思考

2019 年 8 月 14 日,中共中央办公厅、国务院办公厅印发了《关于深化新时代学校思想政治理论课改革创新的若干意见》,对新时代高校思政课教学改革创新提出了新要求,学院应抓住机遇,顺势而上,在已取得成绩的基础上,采取积极有效的措施,推动思政课教学改革创新取得新成果。

1. 加强学习,增强教师使命感和责任感

立德树人、教书育人是思政课教师的历史使命。高校思政课教师必须持续、深入、系统地学习,不断提升理论素养,按照习近平总书记对思政课教师提出的“六个要”严格要求自己,让有信仰的人讲信仰。学院定期组织教师深入学习马恩经典原著,学深悟透习近平新时代中国特色社会主义思想,学习党的路线方针政策,厚植理论基础,对马克思主义理论做到真学、真懂、真用、真信、真教,自觉用马克思主义理论武装头脑,指导教学和科研工作。

2. 加强培训,提升教师的业务能力

思政课教师要积极转变教学理念和教学思路,发掘更多的教学资源,深

耕教学内容，创新教学模式，积极开发并灵活运用现代化、多样化的教学方法和技术手段，不断增强思政课的感染力和说服力。强化对教师的职业技能培训，结合本学科的特点，有针对性、有步骤、有重点地采取相应措施，进一步加强对授课教师的理论知识培训和教学技能培训。积极引进思政课教师，按1∶350师生比的比例配置思政课专职教师，力争尽快补足、壮大师资队伍力量。

3. 完善教学管理制度，规范教学活动

深入贯彻落实教育部《新时代高校思想政治理论课教学工作基本要求》，规范教研室建设，加强以教研室为单位开展教师学术交流、实践研修。严格实行集体备课制度，定期组织集体备课，共同研讨教学中遇到的新情况、新问题，共同探讨解决思路。开展示范课程建设，发挥优秀教师引领作用。坚持老带新制度，年轻教师要虚心向老教师学习，老教师要承担起带教的责任。坚持层级听课制度，互帮互学，共同提高。

4. 完善在线课程建设，探索混合式教学模式

“毛泽东思想和中国特色社会主义理论体系概论”和“古诗词鉴赏”两门课已上线，但还有许多需要做的工作，制订线上和线下融合教学的实施方案，引导学生利用在线课程自主完成线上学习，及时回答线上线下学生提出的问题，做好题库和案例编写工作，为学生学习提供丰富的教学资源。积极拓展在线课程的选课学校和在线选课的学生范围，提高在线课程的教学质量。

5. 推进实践教学，打造特色品牌

处理好课堂理论教学与实践教学的关系，在不断提升课堂教学的吸引力和感染力的同时，积极推进实践教学，打造“一门课，一品牌”。“马克思主义基本原理概论”课程的实践教学，重点是“读经典、悟经典”，让学生在字里行间与伟人进行“原汁原味”的对话，用经典理论和先进思想武装头脑，激发为中华民族伟大复兴而奋斗的精神动力。“毛泽东思想和中国特色社会主义理论体系概论”的重点是暑期社会实践，让学生在社会实践中感受理论的魅力，

增强学生“四个自信”。“中国近现代史纲要”课程，继续与龙华烈士纪念馆携手打造红色育人精品课堂，课前要做好精心准备，按照教学方案认真备课，组织师生前往龙华烈士纪念馆现场教学，让学生在红色文化的熏陶下深刻理解中国的四个必然选择，激发学生的爱国情、报国志。

6. 推进教学和科研并进，科研反哺教学

教学与科研是高校的主要职能，是现代大学最为根本的任务。高校思想政治理论课教师的业务素养不仅体现在科研上，更体现在教学上，教师科研能力的发展，能够在一定程度上丰富教学活动的内容，能够有效地提升教学能力。为此，应以马克思主义理论一级学科建设为抓手，加大科研支持力度，鼓励教师积极从事科学研究，运用科研成果反哺教学，提高思政课的教学质量。

7. 完善相关机制，激发教师工作积极性

以完善内在机制作为切入点，旨在更好地维护思政课教师对自身职业的饱满热情；同时，激发他们从事思政课教学的积极性、主动性和创造性。完善高校思政课教师的考核评价机制，应针对思政课教师的职业性质与职业特点，把教师的教学效果、教学贡献和标志性的科研成果或代表作等，作为教师职务聘任、晋级、嘉奖的基础评价指标。完善高校思政课教师的激励机制和保障机制，改善高校思政课教师教学科研环境，加大对思政课教师各项培训及学术活动等经费的投入，增加思政课教师的课题立项以及科研基金方面的经费支持力度，推进思政课在改革中加强，提高思政课的教学效果。

参考文献

[1] 中共中央组织部党建研究所.党的建设大事记（十七大—十八大）[M].北京：党建读物出版社，2013.

[2] 中共中央办公厅，国务院办公厅.关于深化新时代学校思想政治理论课改革创新的若干意见[R/OL].（2019-08-14）. http://www.gov.cn/zhengce/2019-08/14/content_5421252.htm.

习近平关于思想政治教育的重要论述与新时代思想政治理论课教学

冯国芳　陈宇婷

【摘要】 党的十八大以来，习近平以马克思主义的世界观和方法论为指导，针对当代中国思想政治教育面临的问题，创新了思想政治教育理论。其主要内容是：以“四个全面”战略为理论背景，以中华优秀传统文化为重要资源，运用马克思主义基本原理，结合当代中国思想政治教育的实际，在思想政治教育的内容、方法、目标和制度方面进行了深入和全新的探索，开拓了思想政治教育理论的新境界，实现了思想政治教育的理论创新。学习和把握习近平关于思想政治教育的重要论述，并用于指导当代中国的思想政治教育实践，对于思政教师就是要把习近平总书记关于思想政治教育的重要论述融入思想政治理论课的教学中，进行思想政治理论课的教学改革，创新思想政治理论课的教学方式和方法，为加强大学生思想政治教育提供重要的智力支持。

【关键词】 新时代　思想政治教育　思想政治理论课教学

实践基础上的理论创新是社会发展与变革的先导。在实现中华民族伟大复兴的实践征程中，思想政治教育的理论创新要高举中国特色社会主义的伟大旗帜，展示实现中国梦的时代气息；要引入中国优秀传统文化的基因，丰富思想政治教育的文化资源；要处理人民群众所面临的急需解决的问题，高屋建瓴地提出新的方向、新的内容和新的方案。党的十八大以来，习近平总书记关于思想政治教育的观点渗透着马克思主义指导思想，发展了思想政治教育理论。

一、提出"四个全面"战略思想,为思想政治教育创设理论背景

"四个全面"战略思想,即全面建成小康社会、全面深化改革、全面依法治国、全面从严治党。这是习近平总书记提出治国理政的战略思想,是中国特色社会主义理论体系的新成果,也是思想政治教育创新的理论背景。全面建成小康社会,体现了发展是时代的主题,是解决我国所有问题的关键;全面深化改革,是社会进步的动力,也是时代潮流;全面依法治国,是国家治理体系和治理能力现代化的重要依托,也是实现社会公平正义的基本保证;全面从严治党,是执政党加强自身建设的基本规律,也是保持党的先进性和纯洁性,使党成为团结依靠全国各族人民建设中国特色社会主义坚强领导核心的根本所在。"四个全面"顺应历史潮流、紧扣时代脉搏,为思想政治教育提供了广阔的背景。

"四个全面"的实现,离不开广大人民群众的支持、参与和共同努力。"四个全面"离不开当前中国的发展环境。这是因为我们坚持和发展中国特色社会主义道路,既要秉承传统社会主义的科学构想和基本模式,又要扬弃其僵化体系和内在弊端;既要超越资本主义现代化的理论预设和建设成果,又要化解其内在矛盾和系统问题;既要发扬中国传统社会的优良传统和民族精神,又要摒除其落后模式和思想糟粕。在这样的历史条件下,实现"四个全面"的宏伟目标,就必须大力加强思想政治教育,激发亿万人民的主动性、创造性和积极性,发挥亿万群众的主观能动作用,小河有水大河满,群众行动的涓涓细流最终汇聚成"四个全面"的汪洋大海,克服因循守旧的思想,大力进行中国特色社会主义道路创新、思想创新和制度创新。同时,"四个全面"本身是群众的要求、人民的目标,也是每一个中国人实现梦想的有效途径。

"四个全面"战略思想充分体现了中华民族近代以来实现民族复兴的伟大理想,代表了中国最广大人民群众的根本利益。全面小康浓缩了中国几代

人的夙愿，在这个目标的召唤下，用中国特色社会主义凝聚人民的思想，在小康社会的建设中克服前进道路上的一切困难；全面深化改革使中国人民既看到我们党立足现实，又看到了通过改革全面小康的愿景一定能够实现，从而增强中国特色社会主义的道路自信、理论自信和制度自信；全面依法治国使人民群众看到了治国理政的重大转变，增强了人民群众对国家长治久安和社会主义民主政治的决心和信心；全面从严治党使广大人民群众看到中国共产党是一个伟大的党，只有加强全面从严治党，才能获得人民群众拥护爱戴，也才能形成人民群众一心跟党走的大好局面。因此，“四个全面”战略思想对于坚定全国人民共同理想信念，筑牢精神支柱，凝聚中国力量，具有重要的激励作用。

二、传承中华优秀传统文化，为思想政治教育提供文化资源

在中国特色社会主义文化建设事业迅速壮大的今天，面对各种思想文化相互交织、相互激荡、交融互进的复杂局面，利用中国优秀传统文化加强思想政治教育，就显得非常重要。党的十八大以来，习近平总书记针对如何看待中华优秀传统文化及其当代价值的重要性这一问题，发表了一系列寓意深刻、指向明确的创新论述。其根本旨趣在于强调这样一个事实：中华优秀传统文化是我们这个拥有五千年文明历史的古老国家的灵魂所在，它在铸造中华民族的国民性、民族魂，塑造民族性格，推动中华民族的发展和壮大过程中，发挥了不可替代的作用。中华民族的稳定性与巨大凝聚力在很大程度上源于中华优秀传统文化，它深刻地影响与塑造着我国当代人民的思想道德素质。“中华民族具有 5 000 多年连绵不断的文明历史，创造了博大精深的中华文化，为人类文明进步作出了不可磨灭的贡献。经过几千年的沧桑岁月，把我国 56 个民族、13 亿多人紧紧凝聚在一起的，是我们共同经历的非凡奋斗，是我们共同创造的美好家园，是我们共同培育的民族精神，而贯穿其中的、最

重要的是我们共同坚守的理想信念。”[1]

继承和弘扬中华优秀传统文化的成果，是实现思想政治教育有效性的重大举措。习近平指出：“中华民族有着深厚文化传统，形成了富有特色的思想体系，体现了中国人几千年来积累的知识智慧和理性思辨。这是我国的独特优势。中华文明延续着我们国家和民族的精神血脉，既需要薪火相传、代代守护，也需要与时俱进、推陈出新。要加强对中华优秀传统文化的挖掘和阐发，使中华民族最基本的文化基因与当代文化相适应、与现代社会相协调，把跨越时空、超越国界、富有永恒魅力、具有当代价值的文化精神弘扬起来。”中华优秀传统文化是思想政治教育文化自信的生成元素。习近平指出：“在每一个历史时期，中华民族都留下了无数不朽作品。从《诗经》、楚辞、汉赋，到唐诗、宋词、元曲、明清小说等，共同铸就了灿烂的中国文艺历史星河。中华民族文艺创造力是如此强大、创造的成就是如此辉煌，中华民族素有文化自信的气度，我们应该为此感到无比自豪，也应该为此感到无比自信。”[2]

中华优秀传统文化是实现思想政治教育的思想文化根基。习近平指出：“坚持马克思主义道德观、坚持社会主义道德观，在去粗取精、去伪存真的基础上，坚持古为今用、推陈出新，努力实现中华传统美德的创造性转化、创新性发展，引导人们向往和追求讲道德、尊道德、守道德的生活，让 13 亿人的每一分子都成为传播中华美德、中华文化的主体。”[1]思想政治教育要牢牢把握中国的历史、现实与未来，把中华民族追求的美好崇高的道德境界，一代代地传承下去，在创造中转化和创新中发展，使根植于中华大地的思想道德精华闪烁时代的绚丽光彩和焕发盎然生机。“精神的力量是无穷的，道德的力量也是无穷的。中华文明源远流长，孕育了中华民族的宝贵精神品格，培育了中国人民的崇高价值追求。自强不息、厚德载物的思想，支撑着中华民族生生不息、薪火相传，今天依然是我们推进改革开放和社会主义现代化建设的强大精神力量。”[1]

三、联系时代发展特征，为思想政治教育增添新的内容

思想政治教育有着强烈的时代性特征，随着时代的变化其内容也不断地与时俱进。从时代特征看，教育环境从相对封闭走向全面开放、教育内容从一元走向多元、教育形式从政治说教走向思想碰撞的特点明显增强。同时，国内外敌对势力加紧对我国进行西化分化，我国社会转型发展中各种矛盾问题和各种错误思潮交织在一起，这势必对思想政治教育提出挑战。另外，解决如何搞好社会转型、全媒体背景、动态条件下思想政治教育等问题，都与时代发展密切相关，是当前思想政治教育亟待改进的重点方向。习近平总书记根据时代发展的新特点，在多次讲话中阐述了思想政治教育新的内容，凸显了思想政治教育内容的动态性。

1. 以中国梦为核心的理想信念教育

理想信念是人们对未来的向往和追求。一个人有了坚定正确的理想信念，就能不懈努力，执着追求；一个国家和民族有了坚定正确的理想信念，就能披荆斩棘，攻坚克难。科学崇高的理想信念，是政党治国理政的旗帜，是民族奋勇前行的向导，是国家凝聚力和感召力的源泉。习近平指出："实现中华民族伟大复兴，是近代以来中国人民最伟大的梦想，我们称之为'中国梦'，基本内涵是实现国家富强、民族振兴、人民幸福。"[1]中国梦的提出，深刻反映了自近代以来，中国人民执着追求、不懈奋斗的伟大理想和期盼，充分展现了新的中央领导集体对中国发展和时代发展全局的高瞻远瞩，是全党全国各族人民的理想信念。国家富强、民族振兴是中华儿女不分阶级、民族的共同理想信念，体现了国家利益与人民群众个人利益的相辅相成。因此，以中国梦为核心的理想信念是最接人民群众生活地气的思想政治教育概念的创新。

2. 社会主义核心价值观教育

倡导富强、民主、文明、和谐的国家价值观，倡导自由、平等、公正、法治的

社会价值观，倡导爱国、敬业、诚信、友善的公民价值观，从立体的层面展现了中国特色社会主义的价值要求。社会主义核心价值观从根本上回答了我们要建设什么样的国家、建设什么样的社会、培育什么样的公民的重大问题，为思想政治教育内容发展指明了方向，也直接夯实了思想政治教育的内容基础。习近平指出："社会主义核心价值观是当代中国精神的集中体现，是凝聚中国力量的思想道德基础。"[2]在社会主义核心价值观的教育上，习近平强调要将社会主义核心价值观融入国民教育之中。正如习近平在党的十九大报告中所指出的："要以培养担当民族复兴大任的时代新人为着眼点，强化教育引导、实践养成、制度保障，发挥社会主义核心价值观对国民教育、精神文明创建、精神文化产品创作生产传播的引领作用，把社会主义核心价值观融入社会发展各方面，转化为人们的情感认同和行为习惯。坚持全民行动、干部带头，从家庭做起，从娃娃抓起。"[3]

3. 社会主义生态观教育

马克思主义认为，人与自然是辩证统一的，自然是人生存发展的基础和前提，人在发展过程中需要通过发挥主观能动性对自然加以改造。但是，人对自然的改造不是盲目无节制的，而是要依据自然规律并采取科学的手段进行。这样，才能实现人与自然的和谐共生，才能实现人类社会的可持续发展。习近平坚持生态观教育，强调指出："生态文明建设同每个人息息相关，每个人都应该做积极的践行者、推动者。要加强生态文明宣传教育，强化公民环境意识，推动形成节约适度、绿色低碳、文明健康的生活方式和消费模式，形成全社会共同参与的良好风尚。"[2]思想政治教育可以帮助人们树立生态文明建设主人翁的自豪感，产生自我认识、自我教育和自我陶冶的驱动力，不断增强人们遵守生态道德规范的自觉性，使人形成一种稳定的心理状态和思维习惯，从而提高生态文明建设能力。因此，习近平在谈到生态文明建设时非常重视通过教育推动绿色发展方式和生活方式。他指出："像保护眼睛一样保护生态环境，像对待生命一样对待生态环境，坚决摒弃损害甚至破坏生态环境的发展模式，坚决摒弃以牺牲生态环境换取一时一地经济增长的做法，让良好生态环境成为人民生活的增长点、成为经济社会持续健康发展的支撑点、成为展现我国良好形象的发力点，让中华大地天更蓝、山更绿、水更清、环境更优美。”[2]

4. 社会主义责任观教育

责任是指外界条件对有行为能力的人的道德要求和人在社会生活中应承受负担的角色义务。责任观是指人在科学世界观的指导下，认识责任、履行责任的态度和观点。马克思和恩格斯曾在《德意志意识形态》中指出：“作为确定的人，现实的人，你就有规定，就有使命，就有任务，至于你是否意识到这一点，那都是无所谓的。”[4]责任观是在科学的世界观的指导下，通过责任意识的内化，从而产生的对于责任的一种科学的认识与态度。习近平的责任观包括三个方面：一是对民族的责任。“我们的责任，就是要团结带领全党全国各族人民，接过历史的接力棒，继续为实现中华民族伟大复兴而努力奋斗，使中华民族更加坚强有力地自立于世界民族之林，为人类作出新的更大的贡献。”二是对人民的责任。“我们的责任，就是要团结带领全党全国各族人民，继续解放思想，坚持改革开放，不断解放和发展社会生产力，努力解决群众的生产生活困难，坚定不移地走共同富裕的道路。”[1]“人民，只有人民，才是创造世界历史的动力。”[5]干事业，需要人民，干社会主义事业更是要依靠人民。“全心全意地为人民服务，一刻也不脱离群众；一切从人民的利益出发，而不是从个人或小集团的利益出发；向人民负责和向党领导机关负责的一致性；这些就是我们的出发点。”[5]三是对党的责任。“我们的责任，就是同全党同志一道，坚持党要管党、从严治党，切实解决自身存在的突出问题，切实改进工作作风，密切联系群众，使我们党始终成为中国特色社会主义事业的坚强领导核心。”[1]我们党之所以能够成功地领导中国人民取得新民主主义革命、社会主义革命胜利和改革开放的巨大成就，走出一条中国特色社会主义的新路，就是因为具有并始终保持了敢于担当的精神品质。

四、贯彻马克思主义原则,为思想政治教育创设科学方法

思想政治教育工作能否取得实效,关键在于是否有科学的方法。思想政治教育方法作为实现思想政治教育任务的重要手段,在思想政治教育理论体系中占有极为重要的地位。党的十八大以来,习近平总书记始终坚持以人民为中心的原则,对思想政治教育方法进行了新的探索,指出要增强其吸引力和感染力,让群众爱听爱看、产生共鸣,充分发挥正面宣传鼓舞人、激励人的作用。“通过教育引导、舆论宣传、文化熏陶、实践养成、制度保障等,使社会主义核心价值观内化为人们的精神追求,外化为人们的自觉行动。”[1]

1. 理论学习与实践教育相结合

党的十八大以来,党中央在注重理论学习的同时,更加重视与实践的结合。习近平在中央党校建校 80 周年庆祝大会暨 2013 年春季开学典礼上的讲话中号召,必须大兴学习之风,“好学才能上进,中国共产党人依靠学习走到今天,也必然要依靠学习走向未来”。[1]习近平总书记在全国宣传思想工作会议上强调,理想信念是共产党人精神上的“钙”,“要炼就‘金刚不坏之身’,必须用科学理论武装头脑,不断培植我们的精神家园”。实践教育是以面向实践、面向生活为导向的。通过实践教育,引导人们注意学习与实践之间的联系,为了实践、为了生活而学习,为了解决实践中、生活中的问题而学习,从而使人们端正学习态度,掌握真才实学。在实践教育方面,党的群众路线教育实践活动是在新的历史条件下对改进思想政治教育方法的成功探索,既有文件的学习,又有理论的实践;不局限于解决思想问题,更重在实际工作的改进,理论与实践的结合方法贯彻始终,为更好地进行思想政治教育理论研究,提供了丰富的实践经验和坚实的思想基础。习近平总书记强调“贵在坚持知行合一、坚持行胜于言”,通过理论学习与实践教育结合,从而最大程度地增强思想政治教育的成效性,保证思想政治教育任务的完成。

2. 舆论引导与典型示范相结合

舆论引导是我们党宣传思想工作的重要组成部分，提高舆论引导能力是我党宣传思想工作的永恒主题。习近平在网络安全和信息化工作会议上强调："凝聚共识工作不容易做，大家要共同努力。为了实现我们的目标，网上网下要形成同心圆。什么是同心圆？就是在党的领导下，动员全国各族人民，调动各方面积极性，共同为实现中华民族伟大复兴的中国梦而奋斗。"[2]这一重要论断，充分说明了舆论引导工作的重要性，有力回应了舆论工作领导权亟待加强的现实必要性，适时提出了当前如何主动创新和加强舆论工作的实践指向性。典型示范是通过典型的人或事进行示范，教育人们提高思想认识的一种方法，是将抽象的说理变成活生生的典型人物或事件来进行教育，从而激起人们思想情感的共鸣，达到引领政治方向、约束规范行为、激发精神动力、塑造个体人格的作用。党的十八大以来，在进行积极的正面引导的同时，进一步重视发挥典型示范的作用，在全社会营造出崇尚先进、学习先进、争当先进的浓厚氛围，涌现出众多典型人物。习近平指出，宣传思想部门和单位要"多宣传报道人民群众中涌现出来的先进典型和感人事迹，丰富人民精神世界，增强人民精神力量，满足人民精神需要"[1]，从而增强思想教育的感召力、实效性。

3. 立足中国与面向世界相结合

思想政治教育不仅具有中国特色，同时也具有世界性。从表面看，思想政治教育似乎是中国共产党的"发明专利"，但事实上，"思想政治教育"这一社会实践活动并非中国共产党所独有，在世界其他国家和地区也有相应的教育实践活动。因此从国际国内发展背景看，思想政治教育受国际背景的影响，一方面立足中国，从本国国情出发，确定自己的任务和目标；另一方面又要面向世界，学习外国长处，努力追赶世界潮流。立足中国又要面向世界，是党的十八大以来思想政治教育创新的重要方法。习近平强调，在全面对外开放的条件下做好宣传思想工作，其中的关键任务是引导人民全面客观公正地认识当代中国、看待外部世界。认识和看待中国主要是把握好中国特色，包括中国的独特历史、文化传统、基本国情、深厚的人文积淀等，进而认识到中国选择社会主义道路的必然性。面向世界就要求把握世界发展大势，积极借鉴人类文明有益成果，扩大我们的国际视野。思想政治教育必须从当下中国的实际情况出发，确立自身的学科使命。同时，思想政治教育必须把视野投向整个人类社会发展的历史和现实，研究不同时期、不同国家和地区在社会治理领域的思想政治教育问题，从中总结和提炼出思想政治教育的一般性规律，为当代中国思想政治教育的理论与实践提供借鉴。正如习近平总书记在哲学社会科学工作座谈会上的讲话中所指出的："我们要坚持不忘本来、吸收外来、面向未来，既向内看、深入研究关系国计民生的重大课题，又向外看、积极探索关系人类前途命运的重大问题；既向前看、准确判断中国特色社会主义发展趋势，又向后看、善于继承和弘扬中华优秀传统文化精华。"[2]

五、着眼全党全国人民思想统一，为思想政治教育制定目标体系

在社会转型期，在改革攻坚阶段，必须发挥马克思主义的指导、统领作用，关注目前社会上多元文化背后的社会各阶层的利益诉求，通过强有力的思想政治教育来形成各阶层都能接受的关于中国特色社会主义"道路自信、制度自信和理论自信、文化自信"的共识。为此，必须结合新的形势创新思想政治教育的目标。

1. 思想政治教育的总目标

以什么样的思想统一全党全国人民，凝聚力量，团结奋斗，就成为坚持和发展中国特色社会主义，全面贯彻党的十八大提出的"两个一百年"奋斗目标的主要内容。思想政治教育就必须要有自己的根本目标。习近平指出："宣传思想工作就是要巩固马克思主义在意识形态领域的指导地位，巩固全党、

全国人民团结奋斗的共同思想基础。"[1]"两个巩固"的论述揭示了当前和今后我们党的思想政治教育的总目标。这个总目标是对社会各个成员的总要求。党员、干部要坚定马克思主义、共产主义信仰，脚踏实地为实现党在现阶段的基本纲领而不懈努力，扎扎实实做好每一项工作，取得"接力赛"中我们这一棒的优异成绩。领导干部，特别是高级干部要把系统掌握马克思主义基本理论作为看家本领，老老实实、原原本本学习马克思列宁主义、毛泽东思想和中国特色社会主义理论体系。党校、干部学院、社会科学院、高校、理论学习中心组等都要把马克思主义作为必修课，成为马克思主义学习、研究、宣传的重要阵地。新干部、年轻干部尤其要抓好理论学习，通过坚持不懈地学习，学会运用马克思主义立场、观点、方法观察和解决问题，坚定理想信念。同时，还要求广大人民群众接受思想政治教育。党员、干部要教会群众运用马克思主义立场、观点、方法观察和解决问题，坚定理想信念，这是提高辨别能力的"基本方法"；要发动群众学习党的路线方针政策和国家法律法规。

2. 思想政治教育的具体目标

党的十八大以来，面对竞争更趋激烈的国际国内环境，创新驱动发展成为国家发展的新趋势。习近平在多种场合强调了青年群体要担负起应有的责任。青年是社会上最富活力、最具创造性的群体，他期盼广大青年要有"逢山开路、遇河架桥"的意志，为了创新创造百折不挠、勇往直前，在立足本职的创新创造中不断积累经验、取得成果。习近平在题为《在实现中国梦的生动实践中放飞青春梦想，在为人民利益的不懈奋斗中书写人生华章》的讲话中，明确提出了"五个一定要"的具体目标，即"广大青年一定要坚定理想信念，广大青年一定要练就过硬本领，广大青年一定要勇于创新创造，广大青年一定要矢志艰苦奋斗，广大青年一定要锤炼高尚品格"[1]。这是对毛泽东的"三好学生"、邓小平的"四有新人"、江泽民的"四个统一"目标和胡锦涛的"四个新一代"目标的继承和发展，为当代青年的成长成才指明了前进的方向。

六、立足党员干部思想建设，为思想政治教育创新制度规范

思想政治教育制度是思想政治教育活动的规则体系。思想政治教育制度是由一定社会主体制定出来供教育主客体共同遵守的法则或章程，本质特征是告诉思想政治教育活动的参与者什么能做、什么应该做、什么必须做，或是相反。思想政治教育制度的产生不仅为个体的教育行为提供了选择依据，而且为思想政治教育活动的正常开展提供了运行轨道。随着改革开放的进一步深入，整个社会面临着政治、经济、文化的全面转型，思想政治教育的任务更加艰巨和复杂，思想政治教育的制度创新显得刻不容缓。

思想政治教育既是一项教育活动，又是一项管理活动，制度在思想政治教育活动中发挥着重要作用。在过去的思想政治教育活动中，我们对制度的作用重视不够，管理体制在一定程度上存在着条块分割、自成体系、相对封闭等弊端，从而制约和阻碍了思想政治教育管理活动的正常开展。在社会主义市场经济条件下，思想政治教育活动的影响因素、途径、方式更加复杂多样，这在一定程度上给思想政治教育活动的正常开展及其目标的顺利实现带来了一定的困难。因此，要克服这些困难，保证和促进思想政治教育活动的顺利开展和教育目标的有效实现，离不开管理制度。充分发挥思想政治教育制度的作用，就需要从思想政治教育发展的现实要求出发，积极改革思想政治教育管理体制。

党的十八大以来，习近平总书记高度重视加强党员干部思想政治教育制度建设，在他的倡导下，中共中央制定发布了《建立健全惩治和预防腐败体系2013—2017年工作规划》《中央党内法规制定工作五年规划纲要（2013—2017年）》《中央党内法规制定工作第二个五年规划（2018—2022年）》《党政机关厉行节约反对浪费条例》《党政机关国内公务接待管理规定》《中国共产党廉洁自律准则》《中国共产党纪律处分条例》等一系列法规和条例，细化“从

严治党”的法律法规。制度体现导向，从源头上规范价值选择，有利于养成正确的思想意识；制度带来约束，在过程中提供有力保障，有利于实现教育内容；制度是一种普遍性的可靠支撑，有利于整体改善思想政治教育。只有不断创新思想政治教育制度，才能使教育过程形成规范，使思想政治教育内容有效转化为广大教育对象的内心信念。

七、规范“思政课”教学，对学生进行全面的思想政治教育

依照习近平总书记关于思想政治教育的重要论述，体现在思想政治理论课方面，就是他在 2019 年 3 月 18 日发表的重要讲话。“3・18”讲话，指出了新时代我们“为什么”要办好“思政课”，明确回答了新时代要办“什么样”的“思政课”，以及新时代我们“如何办好思政课”等一系列重大问题。为新时代办好“思政课”指明了方向，也为新时代办好“思政课”提供了行动指南和最根本遵循。

1. “思政课”要牢记课程开设的初心、不忘课程承担的伟大使命

我国开设系列“思政课”的初心就是帮助广大青少年树立正确的世界观、人生观和价值观，其使命就是为社会主义现代化建设和中华民族的伟大复兴培养优秀的建设者和合格的接班人提供精神动力、智力支持和思想保障。对此，从事“思政课”的教学、管理的工作人员，尤其是“思政课”教师必须要明确。新时代的“思政课”的各项工作都要围绕这个初心和历史使命展开。

2. “思政课”教学要以科学理论为指导，能说服人

深化马克思主义研究，以马克思主义理论学科建设支撑思政课建设，是提升思政课教学质量的关键所在。习近平总书记在“3・18 讲话”中指出：“思政课要用科学理论培养人，遵循不同学段学生的认知规律，把马克思主义基本原理讲清楚、讲透彻。”马克思主义作为真理，经得起社会历史的检验，并彰显其科学性、先进性。思政课教师讲授马克思主义理论及其中国化成果

时，需要紧密联系社会实践，将其放在中西方社会背景中去讲，在比较、对照中讲清楚马克思主义的真理性、社会主义制度的优越性，这样更具说服力、感染力。思政课教师肩负着传播文明、立德树人的时代重任，要在青年学生成长成人的关键期播撒科学信仰的种子，给青年学生心灵埋下崇尚知识、追求真理的种子，帮助他们树立科学的世界观、人生观、价值观，引导他们自觉地把个人的价值追求同社会的发展需要有机统一起来。

3. “思政课”教学要落实“以生为本”

“思政课”教学要强化铸魂育人精神，满足学生需要。“以生为本”就是要求思政课教学要从立德树人的根本任务出发，思考学生的真正需要，反观教学活动，教学如何更好地调动学生学习的积极性，如何帮助和促进学生成长。教育教学实效取决于学生学习的主观能动性，要聚焦学生的“学”来设计“教”，不断改进教学方式方法和学生的“学法”，提高学生对教学的参与度，使教学成为师生、朋辈共同参与、合作交流的多边互动活动，充分发挥教师的教学主导作用与学生的学习主体作用，促使学生积极主动学习，在探究式学习中通过思辨、实践等方式获得思想和认知方面的成长。

习近平关于新时代思想政治教育的重要论述，内涵丰富、全面系统，丰富发展了马克思主义思想政治教育理论，为当前和今后一个时期我们党的思想政治教育建设指明了方向，用习近平关于新时代思想政治教育的重要论述来指导思想政治教育实践，就要始终重视当代中国现实，迎接和面对思想政治教育领域中遇到的挑战，坚持思想政治教育理论和方法统一，“坚持巩固壮大主流思想舆论，弘扬主旋律，传播正能量，激发全社会团结奋进的强大力量”[1]，不断开创思想政治教育的新局面。

参考文献

[1] 习近平.习近平谈治国理政[M].北京：外文出版社，2014.

[2] 习近平.习近平谈治国理政：第二卷[M].北京：外文出版社，2017.

[3] 习近平.决胜全面建成小康社会，夺取新时代中国特色社会主义伟大胜利——在中

国共产党第十九次全国代表大会上的报告[M].北京：人民出版社，2017.
[4] 马克思，恩格斯.马克思恩格斯全集：第三卷[M].北京：人民出版社，1995.
[5] 毛泽东.毛泽东选集：第三卷[M].北京：人民出版社，1991.

基于创新型人才培养的思想政治理论课教学模式探索

季开胜　李春霞

【摘要】 习近平在学校思想政治理论课教师座谈会上提出思想政治理论课改革创新要坚持八个方面的统一。在培养创新型人才过程中，按照习近平总书记讲话精神要求，推动思想政治理论课改革创新，发挥好思政课在培养创新型人才中的重要作用：助力大学生创新品质和创新精神的培养，助力大学生创新意识和创新思维的养成，助力大学生创新素质和创新能力的提升。传统的思想政治理论教育模式由于过多强调教师的主导作用，重理论教学轻实践环节，忽视学生个性的健康发展，不利于创新型人才的培养。根据培养创新型人才的要求，本文对思想政治理论课教育教学进行了一定的改革和探索，初步构建了基于创新型人才培养的思想政治理论课教育教学新模式。

【关键词】 创新型人才　思想政治理论课　教学模式

2019年3月18日，习近平总书记在学校思想政治理论课教师座谈会上指出，推动思想政治理论课改革创新，要不断增强思政课的思想性、理论性和亲和力、针对性，要坚持八个方面的统一：政治性和学理性相统一；价值性和知识性相统一；建设性和批判性相统一；理论性和实践性相统一；统一性和多样性相统一；主导性和主体性相统一；灌输性和启发性相统一；显性教育和隐性教育相统一。习近平总书记的讲话从党和国家事业发展全局的高度，深刻阐述了办好思想政治理论课的重大意义，明确提出了推动思想政治理论课教学改革和创新的工作要求，为高校深入推进思想政治理论课建设与改革指明了方向。高校如何加快培养适应新时代中国特色社会主义建设需要的高素质创新型人才，成为我国高等教育急需解决的一项新的重大课题。在作为创新型人才必备素质的创新精神、创新意识和创新能力培养过程中，高校思想政治理论课教育教学发挥着无可替代的重要作用。本文对思想政治理论课教育教学对创新型人才培养的作用和影响进行具体分析，对传统的思想政治理论课教育教学模式进行反思和总结，结合思想政治理论课教学的改革和探索，提出了构建基于创新型人才培养的思想政治理论课教育教学新模式。

一、思想政治理论课教学对培养创新型人才的作用与影响

创新型人才是一种综合型人才，他们不仅应该拥有良好的思想道德、人文修养、个性心理以及身体等素质，更重要的是要具备创新精神、创新意识和创新能力。创新型人才的培养是一项艰巨复杂的系统工程，思想政治理论教育在其中发挥着不可替代的重要作用。

1. 有助于大学生创新品质和创新精神的培养

创新品质和创新精神是大学生的必备素质，它包括以顽强、拼搏、开拓、进取、批判、冒险、献身等为主要内容的科学精神，也包括以诚实守信、遵纪守法、助人为乐、团结协作、吃苦耐劳、艰苦奋斗、坚毅不屈、果断自信、求真务实为主要内容的优良品质。由于创新活动过程存在着高度复杂性和各种不确定性，因此，在培养创新型人才过程中，必须把培养严谨务实、勇攀高峰的科学探索精神和甘为人梯、无私无畏的自我奉献精神作为重点，塑造他们的高尚品格，磨炼他们的创新意志。高校思想政治理论课的课程性质和特点，决定了它在这方面肩负着特殊的历史使命，发挥着不可替代的重要作用。

2. 有助于大学生创新意识和创新思维的养成

创新意识主要是指个人对时代所提出的问题的敏感性，以及由此所产生

的使命感、创新兴趣和创新激情等。创新意识是人类意识活动中的一种积极的、富有成果性的表现形式，是人们进行创造活动的出发点和内在动力，其外在表现为强烈的创新欲望和创新冲动，内在表现为强烈的主体意识和竞争意识[1]。创新思维一般是指发明或发现一种新的方式、方法、观点或思路，用以解释或处理某种事物的思维过程。创新思维包括探究性思维、发散性思维、求异性思维和创造性思维等，它具有高度的灵活性、独特性、创造性和深刻性。作为高等学校重要的教育教学阵地，思想政治理论课为大学生创新意识和创新思维的养成起到应有的作用。马克思主义是科学的世界观和方法论，是关于自然界和人类社会发展规律的高度科学概括。大学生不断接受马克思主义理论教育的过程，同时也是不断接受马克思主义理论中创新性思维的启迪、训练和培养的过程。

3. 有助于大学生创新素质和创新能力的提升

创新素质和创新能力是大学生素质构成的核心，是综合素质的外在表现，是素质教育的必然结果。大学生的综合素质，包括思想政治素质、知识素质、业务素质、能力素质、人文素质和心理素质等。具有创新精神的思想政治理论教育，不仅是提高大学生思想政治素质的主阵地、主渠道，而且是提高大学生心理素质、人文素质和能力素质的重要途径。因此，加强和改进思想政治理论教育，构建培养创新型人才所需要的具有创新精神的思想政治理论课教育教学模式，必须克服以往思想政治理论教育中存在的将政治理论教育与综合素质教育割裂开来的错误做法。要在坚持德育为先的前提下，实现德、智、体、美、劳全面发展。

二、高校现行的思想政治理论教育教学模式在创新型人才培养中存在的不足

当前，我国高校已经形成了一些各具特色的思想政治理论课教育教学模

式，这些教学模式对于人才培养发挥了一定的积极作用，但由于这些模式多是从传统模式演变而来，没有突破传统的思维定式，仍然存在一些明显的不足之处，很难适应新时代创新型人才培养的新要求。

1. 忽视学生个性的健康发展，缺乏培养创新意识的宽松环境

用整齐划一的标准和模式去要求个性千差万别的学生，忽视学生的个性差异，束缚了学生的个性思维，它的直接后果就是导致学生思维僵化。人的个性发展是全面发展的核心，是创造性思维的基础，没有个性就没有创造性。思想政治理论课教育教学应该充分尊重学生的差异性，通过运用多样化、个性化的教育教学方法，培养和发展学生的独特个性。

2. 难以保证学生知行相统一

思想政治理论课教育教学的一项重要任务就是培养学生的创新精神和创新意识。重理论教学轻实践，并采用注入式、填鸭式的教学方式，必然导致学生思想受束缚，视野不开阔，缺乏创新和挑战权威的意识，造成了理论与实践相分离，因而也就难以保证学生知行相统一。

3. 过多地强调教师的主导作用，忽视了学生的主体作用

将学生置于被动接受和从属的地位，教师居高临下，师生间缺乏平等交流。这种模式扼杀了学生作为学习主体的积极性和创造性，抑制了学生潜力的发挥，难以培养出具有创新精神和创新能力的大学生。在教学中，只有准确定位教师和学生的角色，发挥教师的主导作用和学生的主体作用，确立学生主体观，尊重学生的主体性，研究并遵循学生的认知规律和接受特点，才能激发学生创新潜能，培养学生的创新精神，提高教学实效性。

4. 不合理的学习评价模式，直接影响了学生创新精神的培养

当前的学习评价模式，大都以书本知识为标准，以考试为手段，评价方式单一，侧重于对学生学习成绩的评价，忽视学生创新思维的形成过程，直接影响了学生创新精神的培养。考试是教学的导向，为了培养学生的创新精神，必须构建新型的学习评价模式，将学生在理论学习、实践环节、行为规范和创

新活动等方面的表现全部纳入考核范围，并通过自评和他评相结合、采取多样化的考试考核方法等，构建有利于创新人才培养的学习评价体系。

三、构建有利于创新型人才培养的思想政治理论课教育教学新模式

基于思想政治理论课在培养创新型人才方面的重要作用，而现行的思想政治理论课教学模式尚存在诸多不足，我们根据培养创新型人才的要求，对现行的思想政治理论课教学进行了一定的改革和探索，提出从以下几个方面构建有利于创新型人才培养的思想政治理论课教育教学新模式。

1. 理论与实践相结合

理论联系实际是马克思主义的基本原则，是思想政治理论课教育教学生命力的源泉，也是思想政治理论课教师教学的基本方法。贯彻理论联系实际原则，既能使思想政治理论课教学生动活泼，又能促进学生积极思考，从而可以提升思想政治理论课的教学质量和教学效果。在教学实践中，可以从四个方面做到理论联系实际：一是联系社会发展实际，包括联系中外历史上的重大事件、改革开放以来特别是党的十八大以来党的路线方针政策、国内政治经济文化生活的变化、世界各国发展中正反两方面的经验教训、各种社会矛盾和热点等；二是联系学生的专业实际，针对不同学科、不同专业的学生选用不同的讲授材料，尽量用学生熟悉的专业知识进行举例和说明，这样可缩短思想政治理论与学生的距离，产生亲切感，提高学生的学习兴趣；三是联系学生的思想实际，思想政治理论课教师深入学生中间，通过谈心、问卷等形式，了解学生对社会、对国家、对学校、对人生的看法，以及学生在学习、生活和择业等方面面临的种种困惑，掌握学生的心理活动和思想状态，有的放矢地进行教学，引导学生的思想、观念和行为向着积极健康的方向发展；四是组织学生进行社会调查和参加社会实践。以上活动，一方面可以使学生亲身感受到

马克思主义理论的正确、科学和伟大，另一方面可以使学生运用所学理论分析社会现象和社会问题，提高分析和解决实际问题的能力。

2. 必修课与选修课相结合

思想政治理论课中的各门必修课是对大学生进行系统的马克思主义理论教育和爱国主义、集体主义、社会主义教育的主阵地和主渠道，也是对大学生进行创新精神培养、创新意识养成和创新能力提高的重要教育内容，具有其他课程不可替代的重要作用。在开好各门必修课的基础上，鼓励思想政治理论课教师开设相关选修课程，如围绕“马克思主义基本原理概论”必修课开设“现代西方哲学主要流派”“企业经营哲学”“科技哲学”“当代中国社会思潮评析”“西方思想史漫谈”“创新思维方法”“围棋与中国文化”等选修课；围绕“毛泽东思想和中国特色社会主义理论体系概论”必修课开设“科学社会主义理论与实践”“社会主义市场经济概论”“中国经济概论”“开放中国”“人文中国”等选修课；围绕“思想道德修养与法律基础”必修课开设“中国传统文化”“儒家哲学与道家哲学”“商务职业道德”“大学生心理健康与调适”“大学文化与大学精神研究”“环境问题与环境伦理”等选修课；围绕“中国近现代史纲要”必修课开设“中华优秀历史人物价值观评议”“近代上海文化史专题”“上海城市史专题”“丝绸之路的历史与文化”等选修课。相关选修课的开设，既能加深学生对思想政治理论课必修课知识的理解，又能拓展学生的思路和知识领域，满足不同层次学生的需求，有利于促进大学生综合素质的提高和创新精神的培养。

3. 理论教育与素质教育相结合

素质对一个人能否真正成才有着极其重要的影响。思想政治理论课的教学，不仅要让学生掌握理论的深刻内涵、脉络体系，而且要坚持作为大学生进行素质教育的主要阵地，结合青年学生活泼、热情、好学但较单纯、易冲动，看问题易偏颇，心理承受能力弱等特点，引导学生学会运用辩证唯物主义和历史唯物主义的观点和方法分析问题。这是素质教育的重要方面。如结合一代伟人邓小平“三落三起”的人生经历，启发他们懂得成功与失败、顺利与受挫是生活中的对立统一，引导他们用发展的眼光和辩证的思维方式去分析问题，明辨是非，以加深学生对人生的目的和意义的正确理解与认识。

4. 教学与科研相结合

思想政治理论课是理论课，重在理论，要“以理服人”。这就要求思想政治理论课不是单纯地告诉学生“是什么”，更要告诉学生“为什么”，必须以科学研究深化思想政治理论课的教学内容[2]。教学与科研是相互促进、密不可分的统一体，是思想政治理论课教师的两项重要工作内容。把教学与科研紧密结合起来，以教学促科研、以科研促教学，是提高思想政治理论课教育教学质量的重要途径。基于这种认识，教师在具体的工作中，要密切跟踪经济社会发展形势，观察改革开放以来不断出现的新情况、新问题，并从理论高度进行深入研究，再把研究成果及时充实、渗透到教学中。这样，一方面可以提高教材内容的广度和深度，增强教学内容的时代性，提高教学质量；另一方面，也能提高教师的研究水平，推动和促进思想政治理论课及马克思主义理论研究的学科建设。

5. 课堂讲授与引导学生自学相结合

“教师讲、学生听”的传统教学模式，有其优点，但其缺点也很明显，教师讲授内容过多过细，学生总处于被动状态，容易养成不动脑筋的习惯，不利于学生独立思考，扼杀学生学习的主动性和积极性。在大学阶段，学生应具有较强的自学能力，应逐步养成自学和独立研究问题的习惯，学会自学和研究问题的方法。根据我们的经验，对于学生的自学，应注意加强引导和检查，除基本教材外，还要给学生指定必要的阅读书目，对自学情况，还要有适当的考核措施。比如，要求学生写出读书笔记、心得体会等，并以此作为平时考核的基本内容。

6. 课堂普遍教育与课下个别教育相结合

一般地，课堂教学是针对大学生们普遍关心的热点、难点、疑点等带有共性的问题进行教学，但由于学生在认识水平、接受程度等方面存在个体差异，因而需要在对学生进行普遍教育的基础上，辅以个别教育。这也是提高教学针对性和实效性的应有之意。通常的做法是，首先抓好普遍教育，教师在深入调查了解、摸清学生认识水平的基础上，召开教师集体备课会，对学生普遍关心的问题进行认真分析，确定讲授重点和要解决的主要问题。对于认识水平不足的少数学生，在课下进行个别教育，而对那些有志于进一步深造的优秀学生，则因材施教，以此作为课堂教学的补充和深化，促使高水平学生脱颖而出。

7. 期末考试与平时考核相结合

关于思想政治理论课的考试考查和成绩评定，要坚持期末考试与平时考核相结合的原则，既考查学生对理论的理解程度、掌握程度，又考查学生运用理论分析问题、解决问题的能力和平时的思想政治表现。我们的做法是，期末考试主要考核学生的基本理论、基础知识以及运用理论分析和解决实际问题的能力，占总成绩的 50%；平时考查，主要根据学生撰写专题论文、心得体会、阅读原著、讨论发言表现及社会实践状况等确定成绩，占总成绩的 50%。这种考核办法，既有利于引导和督促学生通过自觉学习提高理论水平和道德修养，也有利于学生的创新思维养成和创新能力提高。实践证明，这是一种切实可行且行之有效的考试考核方式。

参考文献

[1] 杜世菊，汪帮琼.高校思想政治理论课教学中的学生创新素质培养——以“马克思主义基本原理概论”课为例[J].思想政治课研究，2017(5)：26-28+40.

[2] 韩喜平.思想政治理论课承担着培养创新型人才的重任[J].思想教育研究，2015(1)：18-20.

新时代高校思政课自助式社会实践研究*

罗国辉

【摘要】 实践教学是高校思政课教学的重要环节，在贯彻落实立德树人根本任务中具有不可替代的重要作用。自助式社会实践是指在一定教学目标下，学生根据教师指导和自身实际，就近或就地选择一种在校外开展社会实践的方式。自助式社会实践作为高校思政课实践教学的一种新途径、新形式，它不仅让学生在自主实践中体验理论魅力，而且有助于培养学生创新精神和实践能力，提高了思政课实践教学实效性。

【关键词】 高校思政课　自助式社会实践　实效性

2019年3月18日，习近平总书记主持召开学校思想政治理论课教师座谈会并发表重要讲话，对学校思想政治理论课(以下简称思政课)建设指明前行方向。对于如何推动思政课改革创新，习近平总书记在讲话中提出了“八个相统一”，“要坚持理论性和实践性相统一，用科学理论培养人，重视思政课的实践性，把思政小课堂同社会大课堂结合起来，教育引导学生立鸿鹄志，做奋斗者”。新时代，为更好推进高校思政课实践教学的有效开展，增强思政课堂的吸引力、亲和力和感召力，开展思政课实践教学模式创新研究，旨在总结出一个可资借鉴、值得推广的思政课实践教学长效机制。

一、自助式社会实践：在自主实践中体验理论魅力

高校思政课是对大学生进行思想政治教育的主渠道，是落实立德树人根

* 本文系上海市教育委员会2019年度重点课程建设项目“毛泽东思想和中国特色社会主义理论体系概论”阶段性成果。

本任务的关键课程。实践教学是高校思政课教学的重要环节，在贯彻落实立德树人根本任务中具有不可替代的重要作用。高校思政课实践教学是将理论与实际、学校课堂与社会现实、学习理论与具体行为紧密联系起来，引导学生在实践中感悟理论魅力，提高运用理论知识认识、分析和解决实际问题的综合能力，是提高思政课教学效果的重要途径。

教育部印发的《新时代高校思想政治理论课教学工作基本要求》(教社科〔2018〕2 号)文件明确指出从本科思政课现有学分中划出 2 个学分、从专科思政课现有学分中划出 1 个学分，开展本专科思政课实践教学。由此可见，实践教学在高校思政课中具有十分重要的地位。提升思政课实践教学实效，需要从教学实践和改革中不断总结经验，并进一步从理论高度对其进行反思和研究，进而推动思政课实践教学改革的创新和发展。近年来，许多高校在思政课实践教学内容的设计、教学方式的丰富、教学过程的完善方面进行了探索和创新，取得了一定成果。但面对新形势提出的新要求，高校思政课实践教学还面临着一些需要深化解决的新问题；寻求行之有效的实践教学方式是高校思政课改革的重点。在提出大学生思政课自助式社会实践方式之前，已有大学生暑期社会实践等多种成熟的方式，但每种方式都有一个无法解决的问题，即不能做到全员参与。自助式社会实践方式力求破解这个难题，让学生在自主实践中体验理论魅力。

自助式社会实践是指在一定教学目标下，学生根据教师指导和自身实际，就近或就地选择一种在校外开展社会实践的方式。自助式社会实践的一个显著特点就是“个性化”，学生是教学活动的主体，也是思政课社会实践的主体，尊重其主体地位与个性差异，既能调动其参与社会实践的积极性，更体现出对学生的人文关怀。自助式社会实践能更好地满足学生自主性学习要求，增加学习过程的探索性、创新性，激发学生参与实践教学的热情，培养学生参与实践教学的主动性和创造性。学生可以根据自己的实际情况，选择外出实践的地点，但必须要求有现场照片为证，并且要完成一篇社会调研报告。

以上海为例，有的学生家居住在黄浦区，可以选择实践的地点是中共一大会址；有的学生家居住在静安区，可以选择实践的地点是毛泽东旧居陈列馆；有的学生家居住在长宁区，可以选择实践的地点是中共中央上海局机关旧址；有的学生家居住在虹口区，可以选择实践的地点是中共四大纪念馆；有的学生家居住在宝山区，可以选择实践的地点是淞沪抗战纪念馆；有的学生家居住在金山区，可以选择实践的地点是金山卫抗战遗址纪念园；有的学生家居住在青浦区，可以选择实践的地点是陈云纪念馆；有的学生家居住在奉贤区，可以选择实践的地点是中国人民志愿军纪念馆；等等。通过自助式社会实践教学的开展，大学生有目的、有要求、有组织、有纪律地开展思政课社会实践，带着理论走向社会，又带着实际问题回到课堂，使自己的辩证思维能力得到锻炼提高，也发展了学生的个性特长，培养了学生动手动脑的能力，增强了实践教学形式的灵活性和趣味性。

二、自助式社会实践教学的组织与管理

高校党委是思政课的领导者和组织者。在组织上，以学校党委书记为组长，分管宣传德育工作的党委副书记、副校长和分管教学工作的副校长为副组长，相关职能部门和思政课教学机构共同组成领导小组，做到统一规划和指导。在协作机制上，学校各职能部门，包括宣传、教务、学工、团委等部门在校主管领导的指导下，合理配置实践教学资源，在师资配备、经费投入等方面给予政策支持。在具体实施上，马克思主义学院负责实践教学方案拟定，对教学大纲、教学内容和教学过程等要作出明确规定，建立和完善实践教学考核标准，各教研室根据课程内容和教学要求制订实践教学计划。

任课教师要根据实践教学大纲，制订出详尽的规划、实施步骤，并精心组织，以确保实践教学顺利开展。教师根据教学目的布置实践任务，提出实践要求，明确时间范围，让全体学生在规定的时间范围内，自行结伴或分组前

往。学生按照要求，围绕社会热点和焦点问题，开展有重点的社会调查，撰写较高质量的社会调查报告。具体实践教学步骤：(1)教师指导。教师应确定主题，根据国家大事件，结合社会焦点、热点问题，提供若干开放性社会实践参考选题。如2019年中华人民共和国成立70周年，调研主题为“走乡镇看巨变”；2020年全面建成小康社会，调研主题为“走三农看小康”；2021年建党100周年，调研主题为“走老区看发展”。(2)确定分组和选题。推选组长，确定成员分工，原则上每组4～8人，且每组配有一名指导老师。各组要与任课教师就选题及调查事宜进行反复沟通，拟定社会实践具体方案。(3)展开社会实践。深入社会实际，或发放问卷，或走访调查对象，或参观实践基地，以获得第一手资料。(4)撰写社会实践报告。按照提供的统一模板、撰写要求等，写出不少于3 000字的社会实践报告，提交其纸质版及电子版。活动结束后要及时收取和评阅社会实践报告、组织课堂展示、师生评价和开展总结，并给出课程成绩。具体实践教学要求：(1)注明调研的时间、地点和主题，以及调研的主要方法。(2)在调研过程中，获取第一手材料，调研报告的材料须真实可靠；在调研报告中，要提供材料的来源，反映材料获取的过程。(3)将获取的第一手材料进行归纳、整理，并依据事实材料的分析研究，得出合逻辑的、具有说服力的结论。(4)针对调查得到的事实，提出具有见地的看法或有价值的建议，以期对今后工作提供参考，发挥社会调研报告应有的社会价值。(5)在实践教学活动过程中，相关职能部门及指导教师要强化安全保障，学生自身也要增强安全意识，注意风险防范。

高校思政课实践教学是涉及面很广的系统工程，涉及教学安排、政策措施、经费保障等方面，为了确保实践教学的长效性，需要健全实践教学各项制度，形成行之有效的运作机制。在自助式社会实践过程中，为避免流于形式，应做好以下三方面工作：(1)明确教学目标与内容。教师根据课程的教学目的与内容，制定具有课程特色且难度适中、符合学生实际能力的调查课题内容，其中包括目的、内容、地点、时间、经费等要求和目标。学生通过自助式社会实践，撰写规范社会调研报告，然后把调研报告的特色和亮点制作成课件，各小组推荐代表进行课堂展示，其他同学评议和打分。(2)建立健全实践教学质量监控体系。建立合理的考核评价机制，将实践教学与理论教学同等对待，全面、真实、合理地评估实践教学的成效，应涵盖实践教学的三个环节，即“目标导向、过程监测、效果考核”。教师既需要加强对实践教学的组织、实施、考核等各个环节的管理，也需要检查实践材料，重点是实践过程中的合影照片(重要的证明材料)和“社会实践表”，并据此评定实践成绩。(3)落实专项经费。在教学经费上，需要有保证实践教学开展的必要经费，并纳入学校年度预算。具体包括：实践活动所必需的辅助费用，如学生外出调研交通费、食宿费的补助，社会调查所需要的纸张费、印刷费、图书资料费，实践教学成果汇报展览费等；实践教学资源建设费用，如实践教学基地建设费等；教师指导实践教学费用等。

三、自助式社会实践教学保障机制

作为一种创新的形式，自助式社会实践让实践教学的场所真正回归社会，彰显应用型人才培养特色，显著提升人才培养质量。高校应着力教师队伍、实践教学内容与制度建设和协作平台搭建，为开展自助式社会实践教学提供条件保障。

(一) 着力师资队伍建设，为实践教学提供人才支持

推进自助式社会实践教学规范化，关键仍是教师。“思政课是关键课程，思政课作用不可替代，思政课教师队伍责任重大。”要构建一支既熟悉理论教学，又具有实践教学能力的教学团队。

1. 组建优秀的实践教学团队

高水平的教师团队一般指素质优良、结构科学、绩效显著的学习型、创新型、高绩效的教学建设、教学改革和教学研究团队。首先，要“专”更要“博”。

网络时代，大学生对新知识敏感度高、接受力强，善于通过网络接受新信息、学习新知识，对教师提出了更高的知识要求，要求教师既要有深厚的专业功底，又要有广博学识；既要勤于学习，又要善于学习。其次，要“解惑”更要“引导”。对高校思政课教师来说，“解惑”固然重要，但“引导”更不可少，有时甚至更加重要。在教学过程中，难免会有学生偏离主题，甚至“剑走偏锋”，需要教师及时引领，引导和启发学生从正确的视角、用科学的方法辨析真相、探讨问题。最后，要“与时”更要“俱进”。高校思政课教师应与时俱进，不断更新教学方法，提高自身的业务素质，只有这样，才能教好书、育好人。

2. 加强师德师风建设

习近平总书记指出：“高校教师要坚持教育者先受教育，努力成为先进思想文化的传播者、党执政的坚定支持者，更好担起学生健康成长指导者和引路人的责任。”培育和提升教师实践教学的组织能力，包括实践教学方案的设计能力、实践教学活动的管理能力和学生实践教学的评价能力，努力让每一名教师都成为“双师型”教师。在高校思政课实践教学中，教师有一定的时间和经费自主安排实践教学，引导作用更加突出，教师的学识魅力重要，人格魅力更加重要，更需加强师德师风建设，更需加强为人师表和负责精神。

3. 造就实践教学的领军人才或名师

要像培养学科领军人才那样培养实践教学领军人才。这样的领军人才应在实践教学改革的实践中培养产生，不仅要有深厚的政治理论功底、优秀的课堂教学效果、丰硕的教学科研成果和丰富的教师培养经验，更要有公认的团队组织才能，能在规定的期限内率领团队达到实践教学规范化的目标。

（二）着力教学内容与制度建设，为实践教学提供保障

自助式社会实践教学规范化，就是要规范实践教学的教学内容、管理体制、评价机制，建立高校思政课的实践育人长效机制。

1. 在内容上，要体现“三味俱全”

以我校思政课实践教学为例，实践教学在内容上，要充分体现马克思主义理论本位、财经学科特色、地方经济社会的特点，即“学科味、财经味、地方味”。所谓“学科味”，就是课程的学科属性；所谓“财经味”，就是要努力了解学生所在学科专业的性质和特点，把握该学科专业的培养目标和就业去向，在教学内容和话语上努力贴近学生实际，即“学科亲近”；所谓“地方味”，就是在理论联系实际时，多举一些贴近地方的案例，内容就更加真实。

2. 在制度上，要体现“三进”

一是进人才培养方案。制订《思政课自助式社会实践教学实施方案》，把思政课实践教学作为独立的必修课程列入学校各专业的人才培养方案。二是进课表。要将实践教学纳入正常教学计划，固定学时和学分。三是进学生成绩表。要明确考核要求，根据实践活动参与情况和实践作业完成情况每学期评定一次，合格者即可获得学分。

3. 在评价上，要体现“三位一体”

一方面，学生自评互评。各小组根据事先实践教学要求进行自评、小组之间进行互评。另一方面，教师综合评价。教师根据学生参与实践教学的程度、综合表现和实践作品完成情况进行评价。此外，还需要班主任辅评。在自评、互评、他评的基础上，制定详细的评价指标，形成“三位一体”实践教学评价体系。与此同时，要评选优秀实践活动成果、实践先进个人并进行展示与表彰，建立相应的激励机制，以激励学生积极参与实践教学。

（三）着力协作平台建设，为实践教学提供支撑

自助式社会实践还应着力于搭建实践教学协作平台。一方面，建立“大思政”实践教学协作平台。多级实践会造成重复实践和资源浪费，学校应成立实践教学协调指导小组，合理分配资源。通过思政课实践教学和大学生暑期社会实践，积极搭建大学生社会实践活动的大平台，专任教师介入指

导学生社会实践，提升学生社会实践质量。与此同时，根据大学一年级与二年级学生的认知能力结合学生的专业特点，选择适合对象特征需求的实践教学方式和设计实践教学内容，有利于提高思政课实践教学的实效性。另一方面，建立实践教学网络管理平台。随着信息技术的普及，高校要以校园网络为依托，充分发挥校园网的资源和空间优势，构建思政课实践教学网站；网络教学平台包括实践教学实施方案、实践教学管理办法、实践教学考核评价、实践教学成果展示、实践教学互动问答等网络资源。构建实践教学管理系统，创新教学管理机制，提高教学管理效率，从而使实践教学得以顺利推进。

在新形势下，适应时代环境与学生思想特点的变化，提高思政课实践教学实效性，把大学生培养成优秀人才，成为一项紧迫而又重要的任务。自助式社会实践教学探索，有效突破了传统实践教学对学生覆盖面不广的难题，调动了学生思政课学习积极性，培养了学生的合作精神，提高了学生的学习力、领悟力、沟通力及创新力，整体提升了思政课实践教学的有效性。作为一种新的社会实践模式，自助式社会实践教学虽然还不完善，但为破解长期以来一直存在的制约高校思政课社会实践、影响思政课育人效果的难题，提供了一个可资借鉴的行动办法。

参考文献

[1] 习近平.思政课是落实立德树人根本任务的关键课程[J].求是，2020(17)：1.

[2] 习近平主持召开学校思想政治理论课教师座谈会强调用新时代中国特色社会主义思想铸魂育人贯彻党的教育方针落实立德树人根本任务[N].光明日报，2019-03-19.

[3] 习近平在全国高校思想政治工作会议上强调把思想政治工作贯穿教育教学全过程开创我国高等教育事业发展新局面[N].光明日报，2016-12-09.

[4] 陈正良，王贤斌.地方高校实践育人的理论与实践[J].宁波大学学报(教育科学版)，2015(6)：54-58.

[5] 孟林华.构建应用型外语本科实践教学体系初探[J].中国高等教育，2012(12)：54-55.

[6] 罗国辉，徐光寿.高校思想政治理论课实践教学模式创新研究——一种基于分组的自助式实践教学[J].湖北社会科学，2014(2)：177-180.

[7] 陈钢.高校思想政治理论课实践教学实用教程[M].北京：高等教育出版社，2018.

[8] 周玉琴.新时代高校思政课实践教学体系构建的四个向度[N].中国社会科学报，2020-03-17.

习近平关于历史的重要论述与“中国近现代史纲要”教学疑难解析

张国义　严孟娇

【摘要】 习近平关于历史的重要论述是新时代中国特色社会主义思想的重要组成部分，其中体现的唯物史观对于“中国近代史纲要”教学中反击历史虚无主义观点具有重要指导意义，运用的唯物辩证法为“中国近代史纲要”教学分析历史问题指明了路径，有关党史、国史的具体论述有助于解决“中国近代史纲要”教学中的相关疑难问题。

【关键词】 习近平关于历史的重要论述　中国近现代史纲要　疑难问题

习近平曾指出：“历史是一个民族、一个国家形成、发展及其盛衰兴亡的真实记录，是前人的‘百科全书’，即前人各种知识、经验、智慧的总汇。”①强调对待历史要“多一份尊重，多一份思考”②。习近平关于历史的重要论述是新时代中国特色社会主义思想的重要组成部分，其中体现的唯物史观对于“中国近现代史纲要”(以下简称“纲要”)教学中反击历史虚无主义观点有重要的指导意义，以唯物辩证法分析历史问题、评价历史人物为我们进行“纲要”教学起到了示范作用，有关党史、国史的具体观点有助于解决“纲要”教学中的相关疑难问题。

① 习近平在中央党校秋季开学典礼上强调领导干部要读点历史[N].经济日报，2011-09-02.

② 牢记历史经验历史教训历史警示　为国家治理能力现代化提供有益借鉴[N].人民日报，2014-10-14.

一、以唯物史观反击历史虚无主义

改革开放以来，社会更加开放、包容，思想多元，历史虚无主义思潮趁势而起，尤其在中国近现代史、中共党史研究领域，一些历史虚无主义观点往往通过戏说歪曲英雄人物、领袖人物，或放大历史细节，无视历史环境、社会条件，或夸大、渲染党和政府在社会主义建设中的失误，消解主流意识形态，误导广大青年学生。历史虚无主义的代表性观点有：西方侵略有功、辛亥革命造成了分裂割据、救亡压倒启蒙、抗战胜利主要在于美苏“二连击”、抗战时期中共武装“游而不击”，以及对毛泽东等领袖人物，黄继光、雷锋等英雄人物进行否定、抹黑等。

对于历史虚无主义的危害，习近平洞若观火，他曾指出：“古人说：‘灭人之国，必先去其史。’国内外敌对势力往往就是拿中国革命史、新中国历史来做文章，竭尽攻击、丑化、污蔑之能事，根本目的就是要搞乱人心，煽动推翻中国共产党的领导和我国社会主义制度。”①作为大学生思想政治教育的主阵地，思想政治理论课教学必须承担起反击历史虚无主义思潮的重担。而以中国近现代史实为基础的思想政治理论课——“纲要”课更应以唯物史观统领课堂教学，理清中国近现代史主线、主流，明辨史实，使历史虚无主义观点无立足之地。

历史虚无主义本质上是唯心史观，其上者，观点先行，以论带史，抓住一点，不及其余；其下者，指鹿为马，颠倒黑白，混淆视听，哗众取宠。习近平指出：“只有真正弄懂了马克思主义，才能更好识别各种唯心主义观点、更好抵御各种历史虚无主义谬论。”[1]马克思主义的唯物史观确是反击历史虚无主义的利器。唯物史观尽管在马克思主义中国化的过程中，不同历史时期表述有所变化，但其主要内涵体现于社会存在决定社会意识，社会意识对于社会

① 中共中央文献研究室.十八大以来重要文献选编：上册[M].北京：中央文献出版社，2014：113.

存在有能动作用这一辩证统一的基本原理。唯物史观是我们研究历史和认识现实的基本哲学原理。

习近平指出:“我们党运用历史唯物主义,系统、具体、历史地分析中国社会运动及其发展规律,在认识世界和改造世界过程中不断把握规律、积极运用规律,推动党和人民事业取得了一个又一个胜利。”“只有坚持历史唯物主义,我们才能不断把对中国特色社会主义规律的认识提高到新的水平,不断开辟当代中国马克思主义发展新境界。”①“纲要”教学恰恰需要具有以唯物史观解决疑难问题的历史意识。

比如历史学习最容易犯“后见之明”的错误,以后人的见识、眼光和现实结果来评判历史人物和历史事件。习近平在纪念毛泽东诞辰120周年的讲话中专门讨论了历史人物评价问题,习近平指出:“对历史人物的评价,应该放在其所处时代和社会的历史条件下去分析,不能离开对历史条件、历史过程的全面认识和对历史规律的科学把握,不能忽略历史必然性和历史偶然性的关系。不能把历史顺境中的成功简单归功于个人,也不能把历史逆境中的挫折简单归咎于个人。不能用今天的时代条件、发展水平、认识水平去衡量和要求前人,不能苛求前人干出只有后人才能干出的业绩来。”[2]有论者将其总结为“两个结合”和“六个不能”。以此原则来评价历史人物,尤其是领袖人物,才能得出中肯的结论。习近平同时指出:“革命领袖是人不是神。尽管他们拥有很高的理论水平、丰富的斗争经验、卓越的领导才能,但这并不意味着他们的认识和行动可以不受时代条件限制。不能因为他们伟大就把他们像神那样顶礼膜拜,不容许提出并纠正他们的失误和错误;也不能因为他们有失误和错误就全盘否定,抹杀他们的历史功绩,陷入虚无主义的泥潭。”[2]

正是基于上述唯物史观,习近平对于中国近现代史上的一些重要人物,

---

① 习近平在中共中央政治局第十一次集体学习时强调推动全党学习和掌握历史唯物主义更好认识规律更加能动地推进工作[N].人民日报,2013-12-05.

如孙中山、李大钊、毛泽东、刘少奇、朱德、邓小平、陈云、胡耀邦等进行了实事求是的评价，他评价毛泽东“是马克思主义中国化的伟大开拓者，是近代以来中国伟大的爱国者和民族英雄，是党的第一代中央领导集体的核心，是领导中国人民彻底改变自己命运和国家面貌的一代伟人”[2]。评价邓小平“是全党全军全国各族人民公认的享有崇高威望的卓越领导人，伟大的马克思主义者，伟大的无产阶级革命家、政治家、军事家、外交家，久经考验的共产主义战士，中国社会主义改革开放和现代化建设的总设计师，中国特色社会主义道路的开创者，邓小平理论的主要创立者”[3]。

不仅评价历史人物要结合其所处时代和社会的历史条件，对一些重大历史事件亦应作如是观。如在回顾改革开放前的社会主义建设探索时期，常有论者认为走了弯路，中华人民共和国成立初期外交政策不应“一边倒”、不应抗美援朝等，或只抓住“大跃进”“文革”等失误或错误，忽略改革开放前三十年的建设成就。我们在“纲要”教学中如何评论此类观点？这实际上也涉及如何理解习近平提出的“改革开放前和改革开放后两个历史时期不能互相否定”的论述，要辩证地看待两个时期，将改革开放前的社会主义建设探索放到当时的历史条件下进行实事求是的分析，明晰外交政策“一边倒”和抗美援朝发生的历史条件和造成“大跃进”的各因素中所包含的历史局限性。

突出重要历史人物和当时的政府力量而忽视人民群众在近代反侵略战争中的重要作用也是历史虚无主义的表现。如“纲要”教学中经常会遇到一些学生忽视或对“三元里抗英”“上海小刀会起义”一无所知的情形。此类有广泛影响的错误观点还有：突显太平天国运动的历史局限；认为晚清中国未被瓜分主要在于列强之间的矛盾而非中国人民的抵抗；抗战时期中共武装“游而不击”，并未起到中流砥柱作用；等等。这就需要我们以唯物史观加以反击。唯物史观认为人民群众是推动历史发展和社会进步的主体力量，习近平指出：“人民既是历史的创造者，也是历史的见证者；既是历史的‘剧中人’，也是历史的‘剧作者’。”①“中华民族五千多年的文明史，中国人民近代以来一百七十多年的斗争史，中国共产党九十多年的奋斗史，中华人民共和国六十多年的发展史，都是人民书写的历史。”②如将中国近现代历史置于宏观的视域里，中国近代以来追求民族独立、国家富强、人民富裕的过程实际上是人民群众不断觉醒、潜能不断爆发的过程，如果只是一些先进分子，而没有逐渐觉悟的人民大众，近代中国不可能走出半殖民地半封建社会的深渊。当然唤醒民众的因素既包括沉痛的历史教训，又包括那些率先睁眼看世界的先进分子，这需要结合具体史实辩证分析。

反击历史虚无主义最有力的武器还是扎实的历史研究，让史实说话，用事实发言。唯物史观要求论从史出，在求真实的基础上求真理。习近平谈到党史研究时提出，要“坚持实事求是研究和宣传党的历史”③。就抗战史研究，习近平指出：“历史就是历史，事实就是事实，任何人都不可能改变历史和事实。”“要以事实批驳歪曲历史、否认和美化侵略战争的错误言论。”④“纲要”教学需要借鉴中国近现代史和中共党史研究的最新学术成果，运用唯物史观和辩证思维对有关成果加以甄别、澄清，作为“纲要”教学的补充材料。

二、以唯物辩证法分析历史问题

唯物辩证法三大规律是分析历史问题的主要方法，可以用对立统一规律分析不同历史阶段的主要矛盾，以对立统一规律延伸出的普遍联系观点在“古今中西”的历史坐标中考察中国近现代的历史进程；以质量互变规律分析历史的阶段性发展；以否定之否定规律分析历史发展中的变革与延续。习近平在其关于历史的论述中对上述原理均有娴熟的运用，为我们在“纲要”

① 中共中央文献研究室.十八大以来重要文献选编：中册[M].北京：中央文献出版社，2016：127.

② 中共中央文献研究室.十八大以来重要文献选编：上册[M].北京：中央文献出版社，2014：694.

③ 全国党史工作会议在京举行[N].人民日报，2010-07-22.

④ 习近平在纪念全民族抗战爆发七十七周年仪式上的讲话[N].人民日报，2014-07-08.

教学中解决相关难点问题指明了正确的路径。

对于不同历史时期社会主要矛盾的判断需要用对立统一规律的原理去把握和解释。习近平曾谈到鸦片战争后中国社会主要矛盾转变为外国资本主义和中华民族、封建主义和人民大众的矛盾，中国人民面临的两大历史任务为实现民族独立和人民解放、实现国家富强和人民共同富裕，并称“这两个历史任务相互衔接，前者是后者的基础。那么，必须走什么样的道路、必须以什么样的思想理论来指导、必须由哪个阶级哪个政党来领导人民进行斗争才能实现这两大历史任务，就成为中国近现代历史的核心问题”①。其阐明了从近代中国社会的主要矛盾到中国人民面临的主要任务及“四个选择”的逻辑关系，为我们在“纲要”教学中把握近现代史的主线、主流提供了清晰的指导。

习近平在党的十九大报告中强调：“中国特色社会主义进入新时代，我国社会主要矛盾已经转化为人民日益增长的美好生活需要和不平衡不充分的发展之间的矛盾。”我们可以将该论断与 1981 年党的十一届六中全会通过的《关于建国以来党的若干历史问题的决议》中对社会主要矛盾所做的概括进行比较，当时提出社会主义改造基本完成以后，我国所要解决的主要矛盾，是人民日益增长的物质文化需要同落后的社会生产之间的矛盾。党的十九大报告清晰梳理了我国社会主要矛盾转化的发展路径，从解决了十几亿人的温饱问题到总体上实现小康，不久将全面建成小康社会，当前人民美好生活的需要日益广泛，不仅对物质文化生活提出了更高要求，而且在民主、法治、公平、正义、安全、环境等方面的要求日益增长。同时，我国社会生产力水平总体上显著提高，社会生产能力在很多方面进入世界前列，更加突出的问题是发展不平衡不充分，这已经成为满足人民日益增长的美好生活需要的主要制约因素。解读习近平在党的十九大报告中对主要社会矛盾转化的论述，可以

① 习近平在中央党校秋季开学典礼上强调领导干部要读点历史[N].经济日报，2011-09-02.

使学生更清晰地理解有关新时代我国主要社会矛盾论断的准确性。

联系的普遍性、客观性原理在历史观中体现为整体史观，强调整体与部分辩证统一，认为事物发展过程中各要素之间彼此联系、互相依赖、相互生成。习近平历史论述将中国置于"古今中西"的坐标中加以考察，体现出基于民族本位的全球视野，既注重中国历史文化的延续性，也关注世界发展进程对中国的影响。如能以此指导"纲要"教学，可以将许多问题讲述得更加深透。

如讲述"鸦片战争"为什么是中国"千年未有之变局"，为什么是中国近代史的开端，就需要将此时的中国置于"古今中西"的历史坐标上去界定，才能阐明鸦片战争后中国人民面临的民族独立、人民解放和国家富强、人民富裕的两大历史任务，并以今人的眼光探讨和评估两大历史任务的完成情况；如讲述太平天国运动可以对中国历史上农民起义存在的共性因素进行分析概括，探讨农民阶级局限性及当下的"三农问题"；讲述戊戌变法可以对中国历史上的诸多改革进行归类分析，总结影响此类改革成败的关键因素是哪些，还可以将戊戌变法与同期的日俄改革进行横向比较，帮助学生理解当时的世界大势及国际环境对中国的影响，联系当前改革攻坚的状况，分析进一步扩大改革开放的必要性；讲述辛亥革命，可以分析其与历史上那些改朝换代的农民革命的差异及其成败之处，探讨革命与改革之辨；讲述新文化运动要理清马克思主义在中国传播的路径，分析马克思主义为何能在西风东渐的众多思潮中脱颖而出，"'十月革命'一声炮响"到底起到了什么作用，探讨马克思主义中国化及其生命力之所在；讲述中共建党要分析国内因素及共产国际在其中的影响和作用，探讨中共建党的历史必然性及"开天辟地"的历史意义；讲述抗战既要讲透中共在抗战中的中流砥柱作用及国民党在正面战场的贡献，也要分析中华民族抗日战争在世界反法西斯战争中的地位和意义，还应将抗日战争作为中华民族伟大复兴之路上的一个节点加以考察，审视其对中华民族精神的影响及现实意义；讲述国共内战，要分析国民党政权垮台的原因，结合毛泽东与黄炎培的“窑洞对”，探讨政党兴替的关键因素及其启示，突显政党建设的重要性。

我们可以运用质量互变规律分析近现代史的阶段性发展和历史转折时期的制度变革，如鸦片战争、辛亥革命、新中国成立、三大改造完成、改革开放等，即在新时代社会主要矛盾转变的阐述中也需运用质量互变规律才能将该问题讲得更清楚。党的十九大报告指出，新时代中国社会主要矛盾的变化只是量变中的阶段性质变，我国仍处于并将长期处于社会主义初级阶段这一基本国情没有变，我国是世界最大发展中国家的国际地位没有变。这样的解说，可以使学生理解历史进程中质量互变的辩证关系。

以否定之否定规律分析中国近现代发展中的变革与延续，有利于解决一些疑难问题。“纲要”教学中如何阐释改革开放前后的两个历史阶段不能互相否定的论断同样是一个难点。很多大学生认为改革开放前与改革开放后的路线、方针、政策完全不同，甚至截然相反，认为改革开放以来的以经济建设为中心是对改革开放前以阶级斗争为中心的否定，时下不时泛起的极左思潮则是对改革开放的否定。要解决这个难题必须以唯物辩证法加以辨析。习近平指出：“历史是从昨天走到今天再走向明天，历史的联系是不可能割断的，人们总是在继承前人的基础上向前发展的。”①“改革开放前的社会主义实践探索为改革开放后的社会主义实践探索积累了条件，改革开放后的社会主义实践探索是对前一个时期的坚持、改革、发展。”②邓小平曾说：“没有‘两弹一星’就没有我们现在的国际地位和民族尊严。”在讲述改革开放前的成就与挫折时，要突出这一时期建设成就为改革开放后的社会主义建设奠定了基础。要历史主义地看待改革开放前的外交政策是特定条件下的国际环境造成的，中苏关系从中国“一边倒”外交到关系恶化，中美关系自朝鲜战争至越南战争持续对立，中国在当时没有对外开放的国际条件。但是中国对外开放

① 习近平在中央党校秋季开学典礼上强调领导干部要读点历史[N].人民日报，2011-09-02.

② 中共中央文献研究室.十八大以来重要文献选编：上册[M].北京：中央文献出版社，2014：112.

的“伏线”在改革开放前已经埋下，毛泽东、周恩来等第一代领导集体抓住历史契机，实现了中美关系正常化，这是中国实行对外开放至关重要的国际条件。

总之，以唯物辩证法分析中国近现代史，可以辨明不同因素在历史进程中的交互影响，理解不同历史阶段社会主要矛盾的变化，把握历史发展中变与不变、变革与延续。最重要的是，可以从整体史观的视角考察历史发展的连续性，虽然过去、现在、未来呈现阶段性变迁，但其内在的联系与传承始终绵延不绝，有利于增强我们在“纲要”教学中鉴往知来的历史意识。将中国近现代史置于全球视野中考察，横向联系、比较，在“古今中西”的历史坐标中清晰地定位中国，有利于在“纲要”教学中更宏观地展示中华民族伟大复兴的进程与成就。

三、以有关党史、国史观点解决“纲要”教学疑难

习近平关于历史的重要论述既有对于中国近现代史的宏观思考，也有对中国近现代史重大问题的具体阐释和重要历史人物的总体评价，与“纲要”教学内容极为契合，可以直接引入课堂教学，为师生解疑释惑。

习近平在有关历史和人民选择了中国共产党领导中国革命的论述中指出：“实践证明，封建官僚们进行的所谓自强运动和资产阶级改良派进行的改良运动，旧式的农民反抗斗争，以及资产阶级革命派领导的民主革命想在中国实行西方资本主义的政治经济方案，都先后在近代中国一一试过了，结果都行不通，都没有也不可能实现中华民族救亡图存的民族使命和反帝反封建的历史任务。”“唯有中国无产阶级及其政党中国共产党肩负起了这一历史使命”。①

习近平对于马克思主义理论和马克思与中国革命的关系也有具体阐释。

① 习近平在中央党校秋季开学典礼上强调领导干部要读点历史[N].经济日报，2011-09-02.

习近平指出，马克思主义是科学的理论，创造性地揭示了人类社会发展规律；马克思主义是人民的理论，第一次创立了人民实现自身解放的思想体系；马克思主义是实践的理论，指引着人民改造世界的行动；马克思主义是不断发展的开放的理论，始终站在时代前沿[4]，总体上概括和把握了马克思主义理论的主要特征。

习近平还具体谈到了马克思对中国革命的认识和预见。习近平指出，在第二次鸦片战争期间，马克思撰写了十几篇关于中国的通讯，向世界揭露西方列强侵略中国的真相，为中国人民伸张正义。而且马克思、恩格斯还科学地预见了"中国社会主义"的出现，甚至为他们心中的新中国取了响亮的名字——"中华共和国"[4]。这为我们在"纲要"课中有关马克思主义理论和马克思与中国革命关系的教学提供了具体指导和相关素材。

关于红船精神，"纲要"2018年版教材第四章第二节"马克思主义进一步传播与中国共产党的诞生"中加入了"红船精神"的表述。习近平指出："红船正是走在时代前列的象征，'红船精神'就充分体现了走在时代前列的精神，是开天辟地、敢为人先的首创精神，坚定理想、百折不挠的奋斗精神，立党为公、忠诚为民的奉献精神，是中国革命精神之源。"①习近平告诫全党："上海党的一大会址、嘉兴南湖红船是我们党梦想起航的地方。我们党从这里诞生，从这里出征，从这里走向全国执政。这里是我们党的根脉。"②

关于抗战史研究，习近平在2015年7月30日中共中央政治局第二十五次集体学习时强调："要坚持用唯物史观来认识和记述历史，把历史结论建立在详实准确的史料支撑和深入细致的研究分析的基础之上。要坚持正确方向、把握正确导向，准确把握中国人民抗日战争的历史进程、主流、本质，正确评价重大事件、重要党派、重要人物。要从总体上把握局部抗战和全国性抗

① 习近平.弘扬"红船精神" 走在时代前列[N].人民日报，2017-12-01.

② 习近平在瞻仰中共一大会址时强调：铭记党的奋斗历程时刻不忘初心 担当党的崇高使命矢志永远奋斗[N].人民日报，2017-11-01.

战、正面战场和敌后战场、中国人民抗日战争和世界反法西斯战争等重大关系。我们不仅要研究七七事变后全面抗战8年的历史，而且要注重研究九一八事变后14年抗战的历史，14年要贯通下来统一研究。要以事实批驳歪曲历史、否认和美化侵略战争的错误言论。"①

关于邓小平开创的中国特色社会主义理论，习近平指出："邓小平同志开创了中国特色社会主义，第一次比较系统地初步回答了在中国这样经济文化比较落后的国家如何建设社会主义、如何巩固和发展社会主义的一系列基本问题，用新的思想观点，继承和发展了马克思主义，开拓了马克思主义新境界，把对社会主义的认识提高到新的科学水平。"②

总之，习近平关于历史的重要论述中所体现的历史观、方法论及具体观点对于解决"纲要"教学中的疑难问题具有重要的指导意义，特别是习近平关于历史的重要论述中所体现的历史思维和历史意识，强调历史的资鉴功能，认为历史是最好的教科书，也是最好的清醒剂③，要求"学习中国近代史，就是要了解近代中国所经历的屈辱历史，深刻汲取落后就要挨打、就要受欺负的教训，增强励精图治、奋发图强的历史使命感和责任感"④。其中透露出的强烈现实指向为我们把握"纲要"教学的思政教育本质特征及提高教学实效性指出了切实的路径。

参考文献

[1] 习近平.在哲学社会科学工作座谈会上的讲话[N].人民日报，2016-05-19.

[2] 习近平.在纪念毛泽东同志诞辰120周年座谈会上的讲话[N].人民日报，2013-12-27.

---

① 习近平在中共中央政治局第二十五次集体学习时强调：让历史说话　用史实发言　深入开展中国人民抗日战争研究[N].人民日报，2015-08-01.

② 习近平在新进中央委员会的委员、候补委员学习贯彻党的十八大精神研讨班开班式上发表重要讲话强调：毫不动摇坚持和发展中国特色社会主义在实践中不断有所发现有所创造有所前进[N].人民日报，2013-01-06.

③ 习近平.在纪念全民族抗战爆发七十七周年仪式上的讲话[N].人民日报，2014-07-08.

④ 习近平在中央党校秋季开学典礼上强调领导干部要读点历史[N].经济日报，2011-09-02.

[3] 习近平.在纪念邓小平同志诞辰110周年座谈会上的讲话[N].人民日报，2014-08-21.

[4] 习近平.在纪念马克思诞辰200周年大会上的讲话[N].人民日报，2018-05-05.

“供给侧改革”视角下高校“形势与政策”课的优化路径探析

雷　铮

【摘要】 新时期高校“形势与政策”教育面临的问题，诸如课程地位边缘化、教学管理不严格、教学内容变化快、师资队伍力量薄弱，为“形势与政策”课的“供给侧改革”提供了逻辑起点。结合“供给侧”的四个方面——授课内容、授课主体、授课方式和评价体系，提出“形势与政策”教学改革的方向和路径，尝试解决供给和需求面临的结构性矛盾，提升课程质量和教学效果。

【关键词】 “形势与政策”课　供给侧改革　路径

高校要落实好立德树人的根本任务，上好思政课尤为关键。思政课不仅是传播马克思主义理论、宣传党的方针政策的主要渠道和核心课程，也是帮助大学生树立正确的世界观、价值观、人生观的重要途径。“形势与政策”作为思政课中的一门，其重要性和影响力也不容小觑。早在 1987 年，国家教委发布了《关于高等学校思想教育课程建设的意见》，将“形势与政策”定为思想教育的必修课；2018 年《教育部关于加强新时代高校“形势与政策”课建设的若干意见》指出，“形势与政策”课“是帮助大学生正确认识新时代国内外形势，深刻领会党的十八大以来党和国家事业取得的历史性成就、发生的历史性变革、面临的历史性机遇和挑战的核心课程，是第一时间推动党的理论创新成果进教材进课堂进学生头脑，引导大学生准确理解党的基本理论、基本路线、基本方略的重要渠道”[1]。因此，做好大学生形势与政策教育工作十分迫切。

一、“供给侧改革”视角下优化高校“形势与政策”课的时代意蕴

“供给侧改革”是在2015年11月10日召开的中央财经领导小组第十一次会议上首次提出的经济领域概念，旨在通过高质量的供给来推进经济的结构性调整，促进经济发展。这个理念在教育领域也同样适用。目前高校“形势与政策”课的供给和需求仍然存在结构性的矛盾，需要改变供给和需求，实现动态平衡。本文仅讨论供给侧，即遵守马克思主义基本原理中抓主要矛盾和矛盾的主要方面，聚焦“形势与政策”课程本身的问题，提出改革思路，旨在通过思政课程的全方位改革来提高课程质量，使“形势与政策”课成为学生喜爱的课程之一，这既是满足大学生成长成才需要的客观选择，也是提升课程实效性和针对性的必然选择。

（一）满足大学生成长成才需要的客观选择

高校“形势与政策”课的“供给侧改革”，既关注供给，也关注需求，实行供给侧结构性改革的根本目的是使课程更好地满足大学生成长成才的需要，从而促进大学生全面发展[2]。大学阶段是塑造世界观、人生观、价值观的关键时期，被称之为“拔节孕穗期”；大学生又是朝气蓬勃、积极进取、思维敏捷的群体，特别是现在的“95后”“00后”，都是随着互联网成长的一代，接收的信息多元、复杂，因此我们更要对他们进行“精心浇灌、努力栽培”。优化“形势与政策”课程教学，能够帮助大学生客观、理性地看待国内外局势发生的变化，在多元的价值观中辨别真伪，从而引导大学生树立正确的政治方向和人生目标；通过讲授中国特色社会主义实践取得的丰硕成果，让大学生明白社会主义的显著制度优势，从而引导大学生坚持正确的政治方向，拥护中国共产党的领导，肩负起时代新人和中华民族伟大复兴的历史使命。

（二）提升课程实效性和针对性的必然选择

从“形势与政策”课程内容和定位出发，它是以马克思主义理论、习近平

新时代中国特色社会主义思想为指导,紧密结合国内外社会形势,重点讲授党的理论和最新发展成果,以及中国特色社会主义实践的一门课程,能帮助大学生认清世界形势、了解党的政策、涵养国家情怀。课程内容是"形势与政策"课提供的产品,是决定"形式与政策"教学效果的关键性因素。虽然,近年来,我国的"形势与政策"教育的地位和教学质量都在不断提高,但不可否认的是,一些大学生对思政课的认同度并不高,觉得课程枯燥乏味,缺乏和现实生活的连接;还有一些学生认为思政课无用,觉得马克思主义已经"过时了";甚至有一些大学生受不良思潮的影响,对主流意识形态产生怀疑和否认,这些都影响了思政课的教学效果,也使得"形势与政策"课逐渐变成在学生心中可有可无、不痛不痒的一门"水课"。优化"形势与政策"课、进行"供给侧改革",其中一个重要的环节就是课程内容的改革,只有加强"形势与政策"课的有效供给,增强课程的实效性、针对性、亲和力,才能从根本上提高"形势与政策"课在学生中的影响力。

二、"供给侧改革"视角下优化高校"形势与政策"课的现实依据

"形势与政策"虽然属于思政课"4+1"中的一门,但是相比其他四门思政课程,"形势与政策"也有其自身的属性,在课程供给中会遇到特殊的问题和困境,这构成了高校"形势与政策"课改革的逻辑起点。

(一)课程地位边缘化

从"形势与政策"课的管理设置上来看,有些高校设在思想政治理论课教学科研的二级机构下,有些高校则设在学校党委学工部下,由学工部牵头负责开课、备课、考核。这样容易造成课程的多头管理,而且一些领导和二级学院的教师会对该课程产生某种程度的轻视,认为该课程游离于思政课程管理之外,不属于思政课程范畴。从"形势与政策"课的学分和考核方式上来看,有些高校对"形势与政策"课的学分设置较低、课堂要求低、考核要求低,使得

学生认为这就是一门可有可无的“水课”。从“形势与政策”课的学科支撑上来看，马克思主义理论一级学科下设的二级学科都能对应其他四门思政课程，有力地支撑了其他四门思政课程的发展，而“形势与政策”课没有单独的学科点，课程发展整体力量薄弱，导致一些教师有意回避这门课程，长此以往，造成“形势与政策”课的课程地位越来越边缘化。

（二）教学管理不严格

《教育部关于加强新时代高校“形势与政策”课建设的若干意见》中规定，“要保证在校学习期间开课不断线”“本科每学期不低于 8 学时，共计 2 学分”“开设形势与政策教育类的选修课”[1]。然而在现实中，一些高校由于资源受限，并未完全遵守文件的规定，有的高校只针对大一、大二学生开课，有的学校每学期只设 6 个学时、1 个学分，也没有开设“形势与政策”的选修课程，执行的效果大打折扣。不仅如此，有些高校“形势与政策”课的课堂管理纪律松散，没有考勤方面的要求或者考勤不到位；课程考核要求低，只要求学生在期末考试能完成一篇开放式的小论文，甚至对作业的质量没有要求，凡提交作业了的，都进行“一刀切”的打分。

（三）教学内容变化快

“形势与政策”是一门紧跟时事和社会热点的课程，具有很强的时效性。与其他四门思政课程不同，它没有统一编写的教材，只有教育部思政司下发的“教育教学要点”和中宣部的《大学生时事报告》作参考，而且这些讲义从编写到投入需要花很长的时间，无法捕捉最新的时政热点和第一时间跟进国内外发生的大事。因此，“形势与政策”课教学内容变化快，是这门课与生俱来的特点，也给课程教学带来了很大的挑战。此外，课程涵盖内容多，使其缺乏整体性、系统性和逻辑性。教育部虽然规定了这门课程的“四个专题”的内容，即从严治党、我国经济社会发展形势与政策、港澳台工作形势与政策、国际形势与政策，但是从总体来说，要在短时间内吃透这些专题，并在讲授的过程中注重逻辑性、系统性，还是相当有难度的。一些教师为了吸引学生注意力，罗列各种社会热点，播放各种新鲜有趣的新闻，反而忽视了背后的学理性，导致知识点的离散化、碎片化。

（四）师资队伍力量薄弱

“形势与政策”课的授课主体既可以是思想政治理论课的专业教师，也可以是学校的领导干部、高校学工部、宣传部、团委和辅导员等思政队伍的工作者，还可以是校外的专家或企事业单位负责人，其队伍具有不稳定性，但对于大部分高校来说，这门课大部分由高校辅导员承担教学任务，这导致“形势与政策”课的教学质量得不到有效保证。一是由于辅导员自身工作的特殊性，有大量繁杂和琐碎的学生工作要处理，备课时间有限。二是“形势与政策”课本身就是理论武装时效性、释疑解惑针对性、教育引导综合性都很强的一门高校思想政治理论课[1]，它对教师的要求更高，而高校的辅导员缺乏系统理论学习的机会、缺乏授课交流的平台，导致其马克思主义理论素养参差不齐，视野不够开阔，影响课程质量。三是高校对这门课程的管理缺乏相关的激励和考核机制，导致教师上课的积极性和主动性不强。

三、“供给侧改革”视角下优化高校“形势与政策”课的路径探析

“形势与政策”课的特殊性、授课对象的变化以及新时代外部环境的复杂性，使其在课程教学中遇到许多新的问题和挑战，但同时也给高校“形势与政策”课的改革提供了方向和思路，改革势在必行。以下从“供给侧”的四个方面，即授课内容、授课主体、授课方式、评价体系来分析高校形势与政策课改革的路径。

（一）授课内容改革

课程优化和“供给侧改革”，其最终目的是让学生受益，满足主体的需要，而这门课程是否能满足学生主体需求则主要取决于课程内容的质量高低。

因此，授课内容的改革是“形势与政策”课供给侧改革中最重要的一环，应当从以下四个方面发力。

1. 注重课程的时代性：将课程内容与时代特征相结合

“形势与政策”课具有很强的时代特征，强调时效性，坚持与时俱进是这门课程最显著的特点。新时代上好“形势与政策”课，要坚持用习近平新时代中国特色社会主义思想铸魂育人，对大学生加强“四个自信”教育[3]。做好新时代大学生的思想政治教育工作尤其重要，新时代的大学生以“00后”为主，他们思想活跃、乐于接受新鲜事物。要将“形势与政策”课与党的十九大精神，十九届三中、四中、五中全会精神相结合，与当下的国情、世情相结合，与社会发展和科技进步相结合，通过第一课堂教育，学生深入了解和学习习近平新时代中国特色社会主义思想，培养社会主义核心价值观，增强使命担当和历史责任感。

2. 注重课程的学理性：将“说透现象”和“价值引导”相结合

与其他思政课不同，“形势与政策”课是围绕不同的主题来进行讲授的，这当中难免会涉及很多社会现象的描述、时事政治的分析，如果教学仅仅停留在现象表面是远远不够的，需要对现象产生的背景、原因等进行深刻分析，讲清楚其背后隐藏的价值观点和逻辑思路。如今互联网如此发达，大学生能获取的表面化信息甚至比教师还要多，因此，“蹭热点”和“博眼球”的方式是短期行为，不是长久之计。一个好的教师一定会注重学理上的讲授和价值观的引导，从而将课程理念内化到学生心中，让学生真正地听懂、学会并能灵活运用。学理性使教师真正成为“教师”，而不是一个读教材的机器，它能引导学生透过现象看本质，引导学生在多元的价值选择中坚持正确的政治方向和价值立场，传播主流意识形态。

3. 注重课程的生动性：将社会热点和实际案例融入课堂教学

学理性是“形势与政策”课的内涵和基础，教会学生用辩证唯物主义和历史唯物主义的方法看待问题，用习近平新时代特色社会主义思想铸魂育人。

但是，上好这门课不能只有理论讲授，否则就如同"空中楼阁"，学生会感到枯燥乏味。要想把现象讲明白、把理论讲透彻、把价值讲清晰，需要结合身边故事和案例，达到深入浅出的效果。时效性是"形势与政策"课的一个重要特点，教师要深入挖掘最新的热点和时政，选择有代表性的案例素材。比如在新冠肺炎疫情期间，可以充分利用疫情防控中的思政素材，讲清中国特色社会主义制度的显著优势；再比如，在中国共产党建党一百周年之际，可以结合党史和共产党员的先进事迹，讲清中国共产党为什么能发展壮大。此外，还要善于挖掘身边的人和事，让学生自己来讲述亲眼所见、亲身经历的故事，激发学生主体性，达到由"知"成"信"的教学目的。

4. 注重课程的创造性：将课程内容与专业特色相结合

当前高校"形势与政策"课不是很受大学生欢迎，除了有些学生觉得课程内容枯燥，找不到兴趣点之外，还有些学生认为这门课程和自己专业关系不大，对自己以后的就业和人生发展没有实质的帮助。对此，可以就课程内容进行创新，将"形势与政策"课和学校特色、专业特色相结合，开展课程思政教学，打造特色精品课程。比如上海大学深化思政课教学改革，用"项链模式"率先创设"大国方略"课程，引导学生正确认识世界和中国发展大势，培养学生从容和坚定的大国自信，之后又开设"人工智能""量子世界"等五门课，成功实现了从思政课程到课程思政的延伸。因此，我们要找准需求、审时度势、大胆创新，将"形势与政策"课打造成一门既"高大上"，又"接地气"的课程。

（二）授课主体改革

2019 年 3 月 18 日，习近平总书记在主持召开学校思想政治理论课教师座谈会时指出，"办好思想政治理论课关键在教师，关键在发挥教师的积极性、主动性、创造性"，并且对思政课教师提出了六个方面的要求[4]。由此可见，教师作为授课主体，在提高"形势与政策"课的实效性上起着关键性作用，我们要从扩充数量和提高质量两个方面来进行主体的改革。

1. 扩充数量：建立一支专兼结合的教师队伍

从目前来看，高校“形势与政策”课的专业教师数量不足，“以兼为主，专有不足”矛盾突出，队伍流动性大，应当加快壮大思政课教师队伍。首先，高校要严格按照师生比不低于 1∶350 的比例核定专职思政课教师岗位，扩大招聘来源；其次，要在本校优秀的青年干部、青年教师和符合条件的辅导员中进行专业教师选拔，对有马克思主义理论相关专业基础或进行过相关专业学习和深造的教师重点考虑，打通校内流通渠道，支持有兴趣、有志向的教师转岗；再次，坚持“引进来”和“走出去”相结合，邀请校外知名专家、企事业单位负责人作为兼职讲师，建立专兼结合的师资队伍；最后，构建全校从上到下的“形势与政策”课协同建设机制，按照“高校党委书记、校长每学期至少给学生讲授 4 个课时思政课，高校领导班子其他成员每学期至少给学生讲授 2 个课时思政课”的要求来进行改革[5]。

2. 提高质量：培养教师的专业素养和综合能力

“形势与政策”课本质上是一门思政课，以政治性为首要原则，它对教师的综合要求比较高，不仅要求教师掌握党的最新理论和时政热点，还要求教师有高度的政治敏锐性、有马克思主义理论功底作支撑，因此，提高教师的专业素养尤为重要。教师只有自己先“明道”“信道”，才能做到“传道”。可以举办专题研修班，邀请知名专家、教授对教师进行理论和教学方法的培训；或者举办“形势与政策”课论坛和高端会议，促进教师之间的经验交流和研讨；对在职攻读马克思主义博士学位专项计划的思政教师，给予时间和资源上的支持。此外，“形势与政策”课教师还应该拓宽自己的知识面，提高自己的信息化能力、人格魅力及其他方面的综合能力，这样才能将教材要点转化为自身的知识体系和话语体系，才能积极应对信息化时代的各种挑战。

（三）授课方式改革

授课方式是教师传授知识的一种载体，授课方式得当，事半功倍，否则学生在课堂上提不起兴趣，影响教学质量和教学效果。要通过重塑教学关系、整合教学资源、打造网络平台来进行授课方式的改革。

1. 重塑教学关系：从"单向灌输"向"双向互动"转变

目前，"形势与政策"课的教学方式多为"填鸭式"教育，教师照本宣科，把教学大纲和教学讲义的内容单向地灌输给学生，却不管学生的接受度如何。教师和学生之间缺乏互动交流，教师不停讲授，学生死板记忆，课堂前半段时间学生还能集中注意力听老师讲课，后半段时间就开始走神，甚至打瞌睡、玩手机。因此，要提升"形势与政策"课的针对性、亲和力，就要重新审视教师和学生的关系，不仅要做到因材施教，还要充分发挥学生的主观能动性，让他们参与到课堂教学和讨论中来。可以采取提问、小组讨论、情景模拟、做报告等方式，启发学生主动思考，使课堂变得生动活泼，实现教学相长。要注重教师主导性和学生主体性相结合，由"灌输式"教育向"启发式"教育转变。

2. 整合教学资源：从"第一课堂"向"第二课堂"延伸

"第一课堂"是高校进行"形势与政策"教育的主渠道，也是传统的渠道，它注重理论讲授，突出思想性。但是，"形势与政策"教育本质上是一项实践性的教育活动，要想将"形势与政策"教育真正入脑入心，还需要对大学生进行"第二课堂"教育。"第二课堂"注重实践性，通过"行走的课堂"，同学们学会理论与实践相结合，在实践中加深对知识的理解、了解国情社情、拓宽国际视野、坚定理想信念。比如北京大学推出的"形势与政策"实践课程，包括社会实践、志愿服务、高级团校、学生骨干训练营、创新创业活动、爱国主义、集体主义等多项内容，实践内容紧扣"形势与政策"理论课的要求，取得了良好的育人成效。除此之外，还可以通过举办讲座、工作坊、座谈会等来丰富教学形式，充分整合教育资源，达到全员育人的目标。

3. 打造网络平台：从“传统课堂”向“智慧课堂”转变

中共中央办公厅、国务院印发的《关于深化新时代学校思想政治理论课改革创新的若干意见》中指出，要“大力推进思政课教学方法改革，提升思政教师信息化能力素养，推动人工智能等现代信息技术在思政课教学中应用”[5]。随着互联网、大数据等现代信息技术的发展，“智慧课堂”“智慧校园”已从虚拟变成现实，这些既是“形势与政策”发展变化的产物，又是创造性反映和生动性再现“形势与政策”课创新内容的载体[5]。新生代“95后”“00后”是互联网的“原宿民”，我们要利用好信息化带给我们的便利，为“形势与政策”课创造更好的授课环境和条件。一是要利用自媒体、全媒体开展图文并茂的教育，使教育的内容生动化、立体化、情景化，更好地引发学生的情感共鸣，达到教育的目的；二是通过“慕课”“翻转课堂”等形式，集中优势资源、依托信息手段，进行线上线下相结合的教育，在实现随时随地教学的同时提升学生的获得感；三是通过智能化的算法和数据，对学生的在线学习情况进行实时跟踪，及时收集学生学习的动态情况，反馈教学中存在的不足和问题，提高教学质量和教学效果。

(四) 评价体系改革

评价体系的改革，是从制度方面提出的要求，只有科学、合理的评价标准，才能规范“形势与政策”课的课程教学和课程建设，为高校“形势与政策”课的发展提供制度上的保障。

1. 完善管理体系：构建“全员育人”的管理制度

应当构建由马克思主义学院负责，党委学工部、宣传部、教务处共同参与的管理体系。把“形势与政策”课纳入思政课程的教学计划，严格按照教育部的规定设置课程的学分、学时，保证课程的不间断性。由马克思主义学院牵头，成立多部门、多人员共同参与的“形势与政策”课教研室，通过跨学科、跨部门的资源共享进行集体备课，对授课中遇到的问题和困难进行研讨，提出解决方案。教务处应当把“形势与政策”课纳入公选课系统，让学生自主选择上课时间和任课教师，在有条件的情况下开设小班教学，增强课程对学生的“黏性”作用。学工部的辅导员应积极参与备课和授课，努力提升自己的专业能力，加强与专业教师的沟通交流，同时严格课堂管理纪律，对“低头族”“手机族”、缺课逃课的学生“零容忍”，使学生从思想上重视“形势与政策”课。

2. 改进考核体系：采取多元的考核指标

考核体系的改革分为学生和教师两个层面。对学生来说，要完善课程考核的内容，可以将出勤情况、课堂表现、小组汇报、网络学习、实践学习、期末考试综合起来进行考查，注重过程和动态的考查，而非仅仅是结果的静态考查。采取多元的考试形式，比如适当增加开放式题型，以论文或报告的形式为主，注重对学生创新性和综合能力的考查。对教师来说，改进考核体系主要是在清退机制和绩效考核上，对于符合条件的优秀教师和辅导员，应放宽准入标准和条件，对于不符合要求的教师实行及时的清退；同时，要将授课课时、人数等纳入教师绩效考核指标体系，同等条件下晋升优先考虑，加大对优秀的“形势与政策”课教师的物质和精神激励，充分调动教师的积极性和主动性。

参考文献

[1] 教育部.关于加强新时代高校“形势与政策”课建设的若干意见[R/OL].（2018-04-27）. http://www.gov.cn/xinwen/2018-04/27/content_5286310.htm.

[2] 刘晓玲，彭子轩.新时代高校思想政治理论课供给侧改革的实践路径[J].高校辅导员，2021(1)：14-18.

[3] 中共中央宣传部，教育部.关于印发《新时代学校思想政治理论课改革创新实施方案》的通知[R/OL].（2020-12-31）. http://www.moe.gov.cn/srcsite/A26/jcj_kcjcgh/202012/t20201231_508361.html.

［4］习近平主持召开学校思想政治理论课教师座谈会[R/OL].（2019-03-18）. http://www.gov.cn/xinwen/2019-03/18/content_5374831.htm.

［5］中共中央办公厅，国务院办公厅.关于深化新时代学校思想政治理论课改革创新的若干意见[R/OL].（2019-08-14）. http://www.gov.cn/gongbao/content/2019/content_5425326.htm.

［6］骆郁廷.加强形势与政策教育的多维思考[J].思想理论教育，2015(11)：12-18.

“互联网＋”时代高校“形势与政策”课的规范化建设研究

李宜轩

【摘要】 在“互联网＋”时代背景下，高校“形势与政策”课面临着新的机遇与挑战。本文从课程内容变化较大、教学方法较为单一、教师素养有待提升、评价体系缺乏设计四个方面分析了目前“形势与政策”课面临的主要困境。与此同时，提出从加强课程内容建设、创新课堂教学模式、提升教师队伍素养、完善评价体系管理、结合第二课堂教育、加强校园新媒体融合六个方面引领课程规范化建设。

【关键词】 互联网＋　形势与政策　规范化建设

“形势与政策”课是高校思想政治理论课的主干课程，是高校各专业必修课程，是对学生进行“形势与政策”教育的主渠道、主阵地，在大学生思想政治教育中担负着重要使命。

“形势与政策”课与本科阶段开设的另外四门思想政治理论课相比，具有理论性强、政策性强、时效性强的特点。每学期依据中宣部、教育部下发的“高校形势与政策教育教学要点”，结合当前国际国内形势以及高等教育改革形势和大学生成长的特点而开设，其课程内容涵盖了当前国内外政治及经济形势、国际关系以及国内外热点事件，在介绍热点事件的基础上，阐明我国基本原则、基本立场与应对政策。其教学效果直接关系到大学生能否客观、理性、全面地理解认识党和国家的各项方针政策，对大学生思想政治教育、爱国主义教育都具有不可替代的重要作用。

随着“互联网＋”时代的到来，学生获取信息的来源不再仅仅局限于课堂和书本，也来自网络。网络在带来极大便利的同时，也使西方的多元化思潮及价值观在大学生中广泛传播，享乐主义、拜金主义对意识形态教育产生了一些不利影响，同时也对“形势与政策”课的教学方法及效果带来了全新的挑战。但新的挑战意味着新的机遇，直面“互联网 + ”时代，结合课堂、教师与学生实际，创新教学方法与思路，是推进“形势与政策”课程建设与改革的重点及难点。

一、“互联网＋”时代“形势与政策”课面临的主要困境

1. 政治导向受到干扰

随着互联网技术的迅速发展，一个虚拟的社会于网络中成型，这个社会更加多元、开放、个性化，具有传统媒体无法比拟的“自由”优势，因此，受到大学生的喜爱。但是也由于其匿名性的特点，一些不负责任的极端言论、不良文化、负面信息等在网上广为流传，这对于“三观”尚未成熟的大学生来说，极易被误导，影响大学生的思想塑造。对于“形势与政策”课来说，其教学目标之一的帮助学生树立正确的政治导向，也会因此受到干扰[1]。

2. 教学模式受到冲击

李克强总理在 2015 年的政府工作报告中首次提出制订“互联网 + ”行动计划。随着近年来网络技术的不断发展创新，尤其是 5G 时代的到来，教学资源更加丰富多元，课堂边界也逐渐模糊。

在这样一个互联网应用随处可见的年代，教师也需要重塑自己的角色，主动贴近学生。将课堂从以往的教师向学生“单向灌输”向师生之间的“双向互动”模式转变。但部分教师或因为比较保守，或因为备课时间不足，在授课过程中仍然停留在传统的单向讲授阶段，仅使用传统的教学手段，如 PPT、视频播放等，鲜少尝试新鲜事物，不能熟练地结合“互联网 + ”优势提高教学效果[2]。

3. 教师素养有待提升

“形势与政策”课没有明确的教学大纲和可供参考的课程教材，且教学内容涵盖广泛，因此对任课教师提出了更高的需求，教师既要掌握相关的思想政治理论知识，又要对国际国内形势有深入了解，同时要具有较强的课程分析设计能力，深入浅出带领学生进行学习。而当前高校“形势与政策”课教师的主体是思政课教师及辅导员，“形势与政策”课因其课程设置特殊性，往往并不是他们工作的重点所在，或因备课时间有限匆忙上阵，或因自身教育专业背景限制等原因，导致难以完全具备课程所需的多种理论知识和教学技能。

除此之外，高校对“形势与政策”课教师在互联网技术和专业教学技能等层面的培训较为匮乏，教师自身素养和技能的提升缺乏有效指导，对“互联网＋课程”需要具备的微课制作、慕课运用等技能难以做到熟练掌握，严重影响了互联网技术在课程建设和教学活动开展中的应用，也严重影响了任课教师在课程规范化建设进程中所起到的作用[3]。

4. 评价体系缺乏设计

科学规范的评价体系有助于为课程设计提供有效指导。但当前高校“形势与政策”课的评价体系尚不够完善，不够科学，评价方式较为单一，也未系统性设计各项评价指标，这是造成课程规范化建设较为困难的重要原因。

大部分高校对该课程的评价仅以教师为主，通过课堂出勤率、期末考试等综合考查大学生的整体学习效果，并未将学生本人纳入评价主体，忽视了学生的自我评价，且评价形式较为单一，无法客观并全面有效地反映课程设置及实施的总体效果及不足之处，无法为课程的进一步建设提供有效的实践依据。同时，高校缺乏为“形势与政策”课设置的系统化、精细化的课程评价指标和模型，在一定程度上也影响了课程建设的规范化开展。在这种较为单一的评价模式下，高校进行“形势与政策”课改革缺乏有效的数据支撑，使课程建设缺乏准确有效的方向指引[3]。

二、当代大学生互联网使用习惯调查

“工欲善其事，必先利其器”，想达到良好的“互联网 + 思政课”教育效果，首先要了解大学生互联网使用习惯及偏好。为此，针对上海对外经贸大学国际经贸学院大一、大二学生的互联网使用习惯展开调查，共收集到有效问卷200份。调查显示，近八成的学生每日使用手机在3小时以上，其中有33%的学生日均使用时间超过6小时，且高达95%的学生习惯通过移动端获取资讯。这意味着学生大部分课余时间都是在互联网中度过的，故加强移动端思想政治教育建设迫在眉睫。

在调查中发现，学生日常使用频率最高的社交软件前三名分别是微信、微博、QQ。在获取资讯方面，超过92%的学生通过移动端获取，学生最习惯使用微信和微博，其次是知乎，媒体类客户端使用率较低。其中有超过半数的学生同时使用微信和微博浏览资讯。在获取学校相关讯息方面，绝大多数学生通过微信公众号或班级微信群组获得。学生表示使用新媒体，最主要的目的除了娱乐就是获取新闻资讯，尤其是关注微信公众号和各类官方网站主页，因此建设互联网平台，有助于“形势与政策”课融入学生生活。

在2018年全国宣传思想工作会议上，习近平总书记将“坚持讲好中国故事、传播好中国声音”视为“做好宣传思想工作的根本遵循”之一，并且要求必须“长期坚持、不断发展”。我们从来不缺少好的中国故事，但如何讲好是关键。高校思想政治教育工作的“讲好”是在思政教师全面解读相关知识点的基础上进行内容创作，让以后青春期为主体的学生对教育内容乐于接受，进而产生认同，最后自发传播。为此，要在摸清青年学生互联网使用习惯的基础上，找准大学生的兴趣点，制造共同话题，避免陈词滥调、教条主义，使“形势与政策”课的授课内容深入浅出，“新调更新弹”。

三、“互联网十”时代“形势与政策”课规范化建设策略

1. 加强课程内容建设

“形势与政策”课的显著特点是教学内容结合了当前形势的热点及焦点，具有较强的时效性和针对性，这与互联网的即时性特点非常一致，因此与互联网结合，既是“互联网＋”时代的需求，其实也是课程内容的需求。

“互联网＋”时代对于“形势与政策”课来说，既有利也有弊。利在于课程内容和教学设计可以借助互联网的时效性实时更新，弊在于受到网络的冲击，大学生较容易受到一些互联网言论的负面影响。因此，加强课程内容建设，让课堂内容新鲜、充实、有趣，贴近当代大学生，是提高整体教学效果的关键。

为了加强课程内容建设，确保整堂课内容充实丰富，首先，应在中宣部、教育部下发“高校形势与政策教育教学要点”后，及时组织集体说课及备课，以课题组或教研室为单位，搜集与专题相关的新闻热点、图片视频资料等，形成课堂教学思路后设计统一课件。课中建立教学研讨制度，可根据课堂反馈再进行实时修改完善，打磨教学环节。学期结束后，召开经验总结会，授课教师分享交流，也可邀请专家进行点评指导，为进一步改进课程内容打下良好基础。其次，任课教师在进行课程内容设计时，应了解并预先设想与本专题相关的，学生所关注的热点、重点、敏感话题等，从而设计相应的教学环节、教学重点，帮助学生树立正确的“三观”，助力学生客观看待时事、看待网络舆论，帮助学生在纷繁的网络世界中学会辨别。

2. 创新课堂教学模式

“形势与政策”课内容因理论性及政策性较强，高校大学生往往觉得较为枯燥，且传统的教学方式以授课为主，互动较少，也显得形式单一，难以真正地吸引学生并激发学生的课堂兴趣，学生的出勤率和满意度等相对来说不尽

如人意。因此，如何增强课堂的吸引力，调动学生的积极性，是当前课程改革的重点。

与传统的单向灌输思路相比，互联网技术使传统课堂的“主—客”模式逐渐演变为“主—主”模式，也就意味着“以教为主”理念随着技术的进步演变为“以学为本”。“互联网＋教育”背景下的“形势与政策”课，为课堂教学方法、教学模式都提供了新思路，为进一步提升课堂吸引力带来了新的机遇。在教学过程中，任课教师应多采用互联网教学技术，多采用视频、动画方式，使枯燥的理论政策等更加生动形象，便于记忆和理解，增强学生的课程体验。同时，网络教学平台，如学习通、雨课堂、超星公开课等也可应用于“形势与政策”课教学中，通过平台自带的随机选人、问卷、分组任务等功能，课堂形式越来越丰富，增强课程的吸引力，进一步提升学生的课堂参与度，从而达到更好的教学效果，提高学生的课程满意度。

3. 提升教师队伍素养

习近平总书记指出“办好思想政治理论课关键在教师，关键在发挥教师的积极性、主动性、创造性”。教师的教学水平在很大程度上决定了课程的教学效果，因此，建立高水平教师队伍至关重要。可根据学校实际情况实行名师专家负责制，以教学名师为带头人，整体把握“形势与政策”课的教学内容、重点难点及教学思路设计，充分发挥带头人的示范作用及品牌效应。同时，“形势与政策”课教师也要牢固树立起“互联网＋”的意识，提升互联网相关技术，从互联网的使用者，逐步成为互联网的“圈内人”，持续提升互联网意识。学校也应组织教师参加互联网相关技术的培训，让教师树立“互联网＋平台”意识，即使用互联网作为教学平台的意识，使网络平台使用成为任课教师课程设计的一部分。利用互联网将传统教学内容与网上课堂紧密结合，从而提升教师队伍的互联网素养，提升课程整体教学效果。

除此之外，也可定期邀请思政教育专家开设“专家讲堂”，针对近期热点问题，尤其是针对未在教学内容里出现的焦点问题开设讲座，帮助学生更加及时地了解并认清国内外形势，与课堂内容交相呼应。

4. 完善评价体系管理

首先，对于一门课程来说，课程评价的主体不应仅仅是任课教师，也应将大学生纳入进来，从而获得多种主体对课程不同角度的相对客观的评价。其次，课程评价的内容不只是学生的学习效果，教师的课程设置、课程内容、教学形式等也应该纳入评价客体，并设置详细的指标，从而使评价主体对评价客体的打分更加明确清晰。同时，在整个评价过程中也应运用多种互联网技术，丰富形式，并使用相应的大数据统计方法实现对各项评价结果的综合统计及有效分析，从而达到深入分析课程设置和教学效果的目的，推进课程评价方法规范化发展，推进课程建设规范化发展。

5. 结合第二课堂教育

互联网具有虚拟性，但第二课堂侧重实践，其实际、直接的交流体验优势是互联网无法替代的，因此除了在课堂上进行多样化理论学习外，也可以结合第二课堂开展多种多样的社会实践，更有助于巩固“形势与政策”课的教学效果，尤其在 2021 年，在中国共产党建党 100 周年的重要时刻，可以通过组织红色经典阅读、四史学习活动等提高大学生的政治理论水平；通过革命圣地参观、红色之旅让大学生进一步感受党一路走来的不易；开展社区服务等志愿活动加强学生的社会责任感。一系列丰富多彩的第二课堂学习实践让“形势与政策”课延伸拓展到第一课堂之外，使大学生深刻体味社会民情，培养爱国主义情怀。

6. 加强校园新媒体融合

高校思想政治教育不能仅仅局限于“互联网＋课堂”，第一课堂及第二课堂之外的新媒体更易融入学生生活，也更应与课堂内容相匹配，这对高校的新媒体建设提出了更高的要求。

首先，高校新媒体的整体基调要符合青年学生的审美，在坚持思想性、政治性的前提下要迎合“新新人类”的喜好。社交网络使用的头像很大程度上能反映一个人的兴趣、心理状态。据调查[4]显示，目前大学生网络头像使用率最高的图片是另类图片，其次是一般的网络卡通图案。总体呈现出违背传统语言范式和汉字运用习惯的趋势。高校学生在互联网上的虚拟个人形象风格，呈现出后现代文化特色。在这样的群体里开展思想政治教育工作，如果过于坚持严肃性、理论性，采取一本正经的说教式宣传，就很容易陷入"曲高和寡"的尴尬境地。因此，简单来说就是教育要"接地气"。

综合分析目前受欢迎的微信公众号，可总结出以下几点可借鉴之处。第一，选题具有可读性。结合时下热点、贴近日常生活的选题通常比较受大众喜爱。比如"世界在下沉，投资人在县城"①跟随时代视线，聚焦五环之外的市场发展，分析下沉经济的机遇与挑战，这也是当代年轻人关注的热点问题。第二，语言风格自然活泼。民生类排行较高的"新闻哥"自我定位即"轻幽默，爱搞怪"，用邻里闲聊的方式讲新闻，因立场鲜明、个性张扬、吐槽犀利的文风而获得好评。第三，形式多样化。新媒体在移动端进行展示，可以做到视觉、听觉结合，动态、静态同步。热门医疗类公众号"小大夫漫画"则是通过漫画的形式科普医学知识。视频、音频、图像的融入避免了纯文字长篇大论的枯燥，让已经习惯互联网短阅读的大学生更易接受。第四，排版精致美观。网络流行语"始于颜值，陷于才华，忠于人品"，用来解释高校新媒体内容运营很是恰当，排版合理、美观才能吸引人。如果只是密密麻麻的文字，则会令读者产生视觉上的疲劳感，从而望而却步。总之，要针对目标受众兴趣爱好，让思想政治教育工作年轻态，真正融入学生群体。

在"互联网+"时代背景下，互联网技术的不断发展给"形势与政策"课的发展带来了全新的视角与突破点，要真正适应当代国际国内形势的发展，成为思想政治教育的主渠道、主阵地，就必须加强课程建设。在坚持内容为主的基础上，保持传统教学课堂的优势。借用"互联网+"技术，改进教学模式

① 谭文琦.世界在下沉，投资人在县城."36氪"微信公众号.wow36kr，2019年8月20日头条，3天阅读量突破10万人次。

和教学方法，充分发挥互联网优势，使大学生由被动接受变为主动吸收，从而激发大学生的学习热情，并结合第二课堂及校园新媒体建设，延伸教学内容，进一步拓展思想政治教育阵地，培养具有社会责任感和时代使命感的优秀大学生。

参考文献

[1] 王辉.“互联网＋”背景下“形势与政策”课课堂教学的创新途径[J].河南工程学院学报，2019(12)：89-91.

[2] 刘婷.“互联网＋”时代形势与政策课教学改革的探索[J].教育教学论坛，2018(8)：118-119.

[3] 刘瑜.信息技术环境下高校“形势与政策”课的规范化建设研究[J].学校党建与思政教育，2020(12)：46-48.

[4] 李新蓓，王梦君.从新媒体时代大学生虚拟形象看当代社会文化生态与教育问题：基于全国四省市大学生网络形象的调研[J].科教文，2019(7)：18-22.

辅导员参与“形势与政策”课教学的建设困境及对策思考

梅澜潇

【摘要】“形势与政策”课具有时效性、导向性、教育引导等特点，包括“形势”与“政策”两大辩证统一的主体内容。在形势与政策教育过程中，辅导员参与授课要实现知识、价值、观念、情感、能力等多维目标，需要思考在授课过程中面临的各种困境和工作壁垒。新时代，“形势与政策”课建设不断提速，在内容与时俱进的同时，更加贴近当代大学生的思想，成效明显。但为了迎合“00后”学生的特点，“形势与政策”课仍要不断突破创新、提升质效。辅导员参与高校“形势与政策”课教学的建设，需要了解课程的教学意义，归纳建设困境，并有针对性地提出对策。

【关键词】形势与政策　辅导员　建设困境　对策

习近平总书记强调，“思政课是落实立德树人根本任务的关键课程，思政课作用不可替代，思政课教师队伍责任重大”[1]。在2019年3月18日召开的学校思想政治理论课教师座谈会上，习总书记又一次强调，“办好思想政治理论课关键在教师，关键在发挥教师的积极性、主动性、创造性”。这对于“形势与政策”的主讲教师——高校辅导员来说，更加突出了“形势与政策”课教学的重要性。在高校思政课的五门课程（“马克思主义基本原理概论”“思想道德修养与法律基础”“毛泽东思想和中国特色社会主义理论体系概论”“中国近现代史纲要”“形势与政策”）中，“形势与政策”课是高校思想政治理论课不可或缺的组成部分。近年来该课程建设不断提速，在内容与时俱进的同时，更加贴近当代大学生的思想，成效明显，但随着新时代学生思想的复杂化，“形势与政策”课仍要不断突破创新、提升质效。辅导员参与高校“形势与政策”课教学的建设，需要了解课程的教学意义，归纳建设困境，并有针对性地提出对策。

一、辅导员参与“形势与政策”课教学的意义

当代大学生肩负着实现中华民族伟大复兴的中国梦的历史使命，对于高校的思想政治教育，我们要始终围绕“培养什么人”“如何培养人”以及“为谁培养人”进行，这些问题同时关系着我国社会主义现代化建设“两个一百年”奋斗目标能否顺利实现。“形势与政策”课程是一门与当今国内国际形势联系紧密，并阐述国家在此特定阶段所制定政策的课程，主要通过思政理论来具体剖析国内外经济、政治、文化、军事、外交和社会等方面的发展态势及演变，以期培养大学生群体正确分析理解国内外形势与政策的能力。这对于塑造大学生马克思主义的形势观和政策观，养成正确的思维认知结构；增强大学生对国内外时事政治和国家方针政策的内在逻辑的理解，打造国家发展和时代进步所需要的各门各类人才；引导大学生正确看待国内外重大的热点和难点问题，认识自己的历史使命和社会责任；坚定大学生走中国特色社会主义道路的信心和决心等方面都具有其他课程难以替代的重要作用。辅导员作为高校大学生最亲密的教师，作为大学四（五）年内较为固定的育人者，辅导员参与“形式与政策”课的教学，有着长远的意义。

（一）丰富教师身份内涵

辅导员是高校“三全育人”体系的重要环节，辅导员在高校中有着特殊的身份。一方面，辅导员作为大学生成长路上的引路人，负责学生在校期间，从入学到毕业的所有事务工作；另一方面，辅导员又是教师，担任着教书育人的主体工作。但是随着时代的进步、大学生思想的变化，辅导员的身份越来越

复杂化，已经不仅仅是一个管理者和服务者。现在越来越多的高校赋予了辅导员太多的工作责任，辅导员成了高校中的基层工作者，辅导员的教师身份越来越弱化。辅导员参与“形势与政策”课可以丰富自己的职业生涯，站上讲台授课，体验立德树人的传统方式，了解大学生的课堂表现和学习状态。

（二）提高专业素养

教师是高校“形势与政策”课程教学建设的主体，在“形势与政策”课程教育教学过程中发挥着极其重要的作用[2]。因此，辅导员参与“形势与政策”课教学可以提高教师的专业素质和授课能力，增强教师的实践操作能力。通过定期组织“形势与政策”教学技能培训，增强辅导员感知国内外形势的政治意识，加强对国家政策和热点问题的研究，同时提高辅导员新媒体技术的操作使用技能。辅导员可以在备课中吸收知识，通过查阅资料、集中讨论、经验分享等方式完善自己的知识储备，通过授课和学习填补自己专业领域的空白，将“形势与政策”课融入日常工作管理体系，实现课程建设和基础工作的有机衔接。

（三）融入学生工作

“形势与政策”课是高校辅导员站上讲台，实践教学工作的重要平台。通过课程的教学工作，辅导员参与教与学的全过程，了解学生在“学”过程中的疑惑，体会课程在“教”过程中的严谨和成效，在教学工作中融入学生工作，有目的地了解学生实际的学习态度和思想动态，提升辅导员的身份意识，提高辅导员在学生群体中的影响力。从大局观讲，辅导员参与教学工作将丰富“形势与政策”授课群体，提升所在高校的教师教学阅历、人格魅力等，从而利于整体提升课程的教学效果，利于建设一支高素质的教学队伍。

二、辅导员参与“形势与政策”课教学的困境

辅导员参与“形式与政策”课教学，已成为目前的主流，辅导员的亲和力

和实践经验都会为该课程提供积极正面的影响。但随着辅导员教师队伍的持续壮大,课程的管理机制、师资队伍、教学模式、教学内容、使用教材等方面千差万别,“形势与政策”课教学效果也不尽如人意。

(一)课程属性

1. 学科定位模糊,缺乏学科支撑

“形势与政策”课隶属于马克思主义理论一级学科,但马克思主义理论下有六个二级学科,其他四门高校思想政治理论课均有对应的二级学科支撑,只有“形势与政策”课尚无学科归属。虽然2018年4月教育部印发的《教育部关于加强新时代高校“形势与政策”课建设的若干意见》中提出将“形势与政策”课纳入思政课管理体系,由学校思政课教学科研二级机构统一组织开课,但部分学校对“形势与政策”课的归属仍旧没有明确。而学术界对此一直存在争议,有些学者认为既然“形势与政策”课是大学生思想政治教育的重要内容,其应当对应思想政治教育;有学者对此不赞同,认为“形势与政策”的授课内容中包含的军事、外交等内容,已经超出思想政治教育的范畴,有国际关系学涵盖的相关内容。这些学者的争议都表明“形势与政策”目前缺乏学科支撑,影响了“形势与政策”课学科规范化建设。

2. 课程内容不断变化,教学模式单一

“形势与政策”课不同于其他思想政治理论课的特点就是其教学内容中的当下时事热点处于不断变化中,而课程规范化建设的前提却是要求课程教学内容的相对稳定。“形势与政策”课的教学内容顾名思义由“形势”和“政策”两部分构成,形势包含政治、经济、文化、军事、外交等方面,政策则是指党和国家为实现一定的目标而制定的行为准则[3]。教育部每学期都会围绕当前的形势与政策制定教学大纲,下发到各高校。课程教学内容要紧密围绕学习贯彻习近平新时代中国特色社会主义思想,把坚定“四个自信”贯穿教学全过程,开设好全面从严治党、我国经济社会发展、港澳台工作、国际形势与政策四大类

专题。从这四大类专题也可以看出，本课程的教学内容是动态的、不断变化的，该特性给课程规范化建设带来了挑战。课程涉及的领域和学科范畴较为广泛，辅导员群体学科知识不够专业，容易造成备课的困难和不自信。

“形势与政策”课程教学模式单一，在实际授课中大学生容易将此课定义为“水课”。若要激发学生的认知兴趣，拔高“形势与政策”课的思想引领作用，就必须对传统的教学方式进行一定的改进与创新[4]。现如今进入了大数据、新媒体时代，可考虑将新媒体技术真正地融入“形势与政策”课教育教学的过程中，使得“形势与政策”课可以在新媒体技术的支持下获得长足的发展。辅导员作为大学师资群体中较为年轻的一代，在“形势与政策”课教学过程中合理运用新媒体技术，为学生留出一定的自主学习与自主讨论的时间，不断提升学生的自主学习能力和实践能力，已成为一种时尚。教师还可以利用新媒体技术为学生创设良好的学习情境，让学生在虚拟的学习情境中进行相关练习，促进学生实践操作能力的提高。在这个瞬息万变的时代，学生每天会接触到大量的信息，教师的教学压力也随之而来[5]。教师要随时关注社会热点问题，在“形势与政策”课教育教学中以社会热点问题为切入点，引导学生从不同的角度出发深入解读社会热点问题，加深学生对理论知识的理解，提高学生的学习兴趣与学习效率。教师在教学之前还须提前做好教学设计，充分发挥引导作用，为学生开辟出一条正确的学习道路，让学生可以跟着教师的思路进行学习。

（二）身份属性

1. 辅导员主导性低

辅导员主导性低主要体现在三方面。一是缺乏主导意识。由于课程课时设置的原因，无法提升辅导员教师参与备课的积极性，仅将“形势与政策”课的教学作为一种硬性任务完成，忽视了这门课的战略前瞻性、思想导向性、价值引领性，政治及信仰的坚定性不够，对大学生的引导不够。二是缺乏主导能力。一些高校的“形势与政策”课教师更换过于频繁，而每个辅导员的马克思主义理论素养参差不齐：有的教师家国情怀不够炽热、思维不够创新，辩证唯物主义和历史唯物主义的世界观及方法论不牢，难以教会学生正确的理想信念和思维方法；视野不够宽广、知识面不够开阔，不善于横向上的国际比较和纵向上的历史比较；对一些错误观点和思潮未能及时有效应对；教学技巧无法与时俱进，导致授课无创新。三是缺乏主导方法。师生教学共处的时间较为短暂、双方不够熟悉，难以互动和共鸣；有的教师停留于知识的灌输，不能有效地寓价值观引导于知识传授之中，难以用人格魅力、真理力量、理论功底、案例分析等来赢得和塑造学生；一些教师纷纷在智慧树、BB 教学等平台上开放慕课，较好地增进了资源共享、促进了教学改革，但使用率、主导性还有待提高。

2. 学生参与度低

第一，对课程价值认识不够。不少学生在校期间对“形势与政策”课的认识远远不够，突出体现在未能深刻领悟这门课的价值及意义，在思想上消极应对、行为上疲于应付，走上工作岗位后才渐渐感受到其价值。第二，对课程重要性体认不深。学生普遍不够重视，到教室后便自发地往后排坐、玩手机、学习其他课程知识，一定程度上消极地影响着课堂教学；一些同学一旦有团学活动要参加，便潜意识地冲击挤占该门课。第三，对课程方法论掌握不清。不少学生忽视了“形势与政策”课的独特性，缺乏对“形势”“政策”元素的挖掘；缺少跟任课教师沟通的自觉性，师生默契不够；觉得考试容易过关，提交考察报告应付了事。学生在课程方法论上学得不正、用得不深，突出了主体性不强的问题。

（三）制度属性

1. 教师晋升考核有待明确

前文中提到，辅导员参与“形势与政策”课有很多益处，主要是专业素养的提升，但这些仅仅是个人意愿。目前，辅导员参与课程授课并不是强制性任务，但在现实生活中，被动授课的现象依然存在。对于辅导员的基础工作，授课不是考核的主要项，以致有些辅导员产生“上课是一件麻烦、吃力不讨好的事”的这种思想。这种思想的产生主要与晋升考核制度有很大的关系，因为晋升考核的不明确，导致辅导员对自身的职业生涯认识缺少系统的审视，认为自己只是一个基层管理者。而在高校，作为一个育人者，踏上讲台比简单地从事事务工作要更重要。

2. 课程考核有待完善

“形式与政策”的学时设置并不完全符合既定的规则，有些高校对于这门课不做硬性要求，课程分数评定随意。这些操作给教师、学生留下了本门课程不规范、随性的印象，严重影响了课程规范化建设。此外，“形势与政策”课的考核方式一直没有统一的标准，目前高校普遍采用的考核方式有写论文和考查，但这两种考核方式都无法真实反映学生的学习效果。采用论文写作考核，很多学生的论文都大同小异，甚至出现一模一样的情况；而采用考试考核，学生会将其作为一定时期的任务来完成，无法反映出学生的真实学习掌握情况，因此，本门课程采用何种考核方式需要仔细研究。

三、辅导员参与“形势与政策”课教学的思考

（一）优化制度引导，增强教师价值引领

习近平总书记在学校思想政治理论课教师座谈会上强调，思想政治理论课是落实立德树人根本任务的关键课程[6]。讲好“形势与政策”课关系到培养社会主义合格建设者和可靠接班人，也关系到中华民族伟大复兴的中国梦的实现。

辅导员一定要摈弃“‘形势与政策’课是水课”“‘形势与政策’课是鸡肋”的错误认识。增强辅导员的价值引领，提高教师积极性、主动性是讲好“形势

与政策”课的关键。在备课制度上，辅导员要积极参与“形势与政策”课每学期的专题备课，要发挥骨干力量，在集体备课之后主动查找相关补充资料，特别是及时更新的时政热点、党的最新方针、政策等知识。在授课制度上，辅导员应当运用语言艺术，用学生耳熟能详、感兴趣的方式来提高课堂抬头率，增加课堂活动的活跃性，以达到知行合一的教学效果。在排课制度上，课程组主动与学校教学管理部门争取更合理的课程时间安排，为学生听好“形势与政策”课创造更好的客观条件。在晋升制度上，学校应当注重“形式与政策”课的教学质量，通过课程教学比赛等方式提升教师授课水平，增加教师的荣辱感，提升教师思想价值。

（二）优化课程模式，促进学生思想启发

传统的“填鸭式”教学方法无法满足课程教学需要，创新教学方法，综合案例教学、互动教学、启发式教学等多种教学方法，改变以教师为主导的传统教学模式，形成以学生为主体、教学相长的教学模式，鼓励学生积极主动地参与到课程中来，鼓励学生走出课堂，尝试实践，用自己的行动践行价值观，启发学生更多的新思想。

在教学过程中，辅导员可以将自身的条块工作融入相关的课程内容中，将思想政治教育融入教学中。了解时事热点，根据课程的单元章节，搜集相关视频，通过视频的方式更加全面地诠释课程内容，扩大兴趣点；拓展课程作业和考核方式，突破课程考核写论文的形式壁垒，可通过问卷调查、社会实践、演讲汇报等形式完成。

（三）深化内容改革，突显课程理论质效

当前高校“形势与政策”课教学由于教学模式单一而没有达到应该有的效果，为了提高“形势与政策”课的教学效果，必须加快“形势与政策”课教学的改革，突显课程的理论质效。从各高校“形势与政策”课教学模式改革的经验和效果来看，可从以下几个方面进行改革。第一，鼓励辅导员以自己擅长

的模块进行专题化教学，每个学期分别针对单一专题进行精准化教学，不断提高大学生对专题化教学内容的学习兴趣，提高教学效果。第二，鼓励辅导员利用新媒体进行网络化教学，当前网络深入大学生生活学习等各个方面，在“形势与政策”课教学中充分发挥网络的作用，特别是可通过相关的手机App软件，如bilibili、微博等，发挥线上线下两个方面的积极性，加强师生之间的沟通，突破课程授课空间上的壁垒。第三，加强实践教学，是改革“形势与政策”课教学模式的重要方式，让学生通过走访、调研、实习实训等方式深入社会，把课堂知识和社会实践有机地结合起来，增加学生的感性认识，然后从感性认识再上升到理性认识。

辅导员参与高校“形势与政策”课的教学成效并不是一蹴而就的，只有将本门课程纳入学科体系、找到学术支撑、加强教学管理、强化师资队伍、创新教学方法、健全考核机制，“形势与政策”课才能发挥其思想政治教育的作用，让学生真正爱上这门课。

参考文献

[1] 习近平.思政课是落实立德树人根本任务的关键课程[J].奋斗，2020(17)：4-16.

[2] 黄立清.高校“形势与政策”课教学质量提升的思考[J].思想政治工作研究，2019(10)：38-39.

[3] 杨鹏，展红军.新时代高校《形势与政策》课程教学优化策略探析[J].高教论坛，2018(6)：44-47.

[4] 徐蓉.“形势与政策”课教学应处理好三大关系[J].思想教育研究，2019(2)：95-97.

[5] 常会斌.新媒体在高校形势与政策课教学中的运用[J].产业与科技论坛，2018，17(11)：165-166.

[6] 习近平主持召开学校思想政治理论课教师座谈会[EB/OL].(2019-03-18)[2019-11-14]. http://politics.gmw.cn/2019-03/18/content_32653484.

辅导员坚持"形势与政策"课知识性与价值性相统一的角色定位与实践路径

王元义

【摘要】 辅导员是"形势与政策"课教师的重要组成群体，因其职业的特殊性质和工作目标，相较于思政课的其他七个相统一的要求，知识性与价值性的统一是辅导员理应也能够贯彻的理念之一。它是辅导员核心职能的集中体现、自身专业特点必然要求和队伍高质量发展的应有之义。辅导员可作为课程建设的参与者、课程教学组织者、课程实践的指导者和课程评价的反思者。兹认为健全备课机制，提升辅导员使命感；创新教学活动，凸显学生主体性；强化技能培训，恪守育人目标与制定激励政策，推进课程规范化四个路径可有效推进价值观教育和知识教育的双重目标实现。

【关键词】 辅导员　"形势与政策"课　知识性与价值性相统一　角色定位

"形势与政策"课是高校思想政治理论课重要组成部分，既具有与其他思政课发挥思政教育主渠道、主阵地等功能的共性，也有其内容和形式的特殊性。2018 年 4 月颁布的《教育部关于加强新时代高校"形势与政策"课建设的若干意见》中指出，"形势与政策"课是理论武装时效性、释疑解惑针对性、教育引导综合性都很强的一门高校思想政治理论课，是帮助大学生正确认识新时代国内外形势，深刻领会党的十八大以来党和国家事业取得的历史性成就、发生的历史性变革、面临的历史性机遇和挑战的核心课程，是第一时间推动党的理论创新成果进教材、进课堂、进学生头脑，引导大学生准确理解党的基本理论、基本路线、基本方略的重要渠道。其重要性不言而喻。

辅导员是高校思政工作队伍的骨干力量，他们除了日常思政工作外，也积极参与到“形势与政策”课教学中，成为高校思政课教师重要组成群体。《教育部关于加强新时代高校“形势与政策”课建设的若干意见》强调该门课的教师队伍要注重从高校辅导员中遴选。在2019年8月中共中央办公厅、国务院印发的《关于深化新时代学校思想政治理论课改革创新的若干意见》中提到积极推动符合条件的辅导员参与思政课教学。2019年3月，习近平总书记在学校思想政治理论课教师座谈会上的讲话中指出办好思政课关键在于教师，推动思政课改革创新要做到八个“相统一”，这为新时代思政课建设指明了方向。面对时代、国家和辅导员队伍建设的需要，作为担任“形势与政策”课授课教师的辅导员应该担任何种角色，如何实践课程建设工作等问题是当前面临的重要课题。本研究将结合辅导员职业特点，从坚持知识性与价值性相统一的视角来探讨。

一、辅导员坚持“形势与政策”课知识性与价值性相统一的必要性

习近平总书记在学校思想政治理论课教师座谈会上强调“思政课的价值性，不是要忽视知识性”“知识是载体，价值是目的，要寓价值观引导于知识传授之中”。笔者把坚持知识性和价值性相统一理解为知识与价值二者不可偏废，并要把价值传递融入知识传授过程中，旨在塑造青年正确的价值观。2017年新修订的《普通高等学校辅导员队伍建设规定》中明确辅导员应当努力成为学生成长成才的人生导师和健康生活的知心朋友。高校青年处于知识架构、价值观的成型期，而与之经常直接接触的辅导员对青年学生价值观形成具有重要影响。以下从职业核心职能、自身专业特点和队伍高质量发展三个维度分析辅导员在“形势与政策”课教学中坚持知识性与价值性相统一

的必要性。

（一）辅导员职业核心职能的集中体现

辅导员九大主要职责中的第一个职责为思想理论教育和价值引领，而其他八个职责都要体现这一要求。开展社会主义核心价值观教育，帮助学生树立正确的世界观、人生观和价值观等为辅导员工作的主要内容和核心职能，这就决定了辅导员工作中必须突出价值性要求。而“形势与政策”课是教书与育人相统一的课程，是思政育人的主渠道，是辅导员立足第一课堂的主平台，忽视学生价值观教育也就失去了“形势与政策”课和辅导员职业存在的意义。

无论是“形势与政策”课价值性要求，还是辅导员职业中的价值观教育，都不是也不能凭空说教，进行毫无说服力的空讲。作为一门课程，知识是载体，知识是基础，没有合乎逻辑的知识，教育效果必然受损，缺乏信服力。辅导员开展“形势与政策”课教育就是要用“形势与政策”课所提供与设计的内容，运用辅导员的典型方式，获得辅导员工作的高质量效果，在知识性与价值性统一中，将“形势与政策”课上好，上成“金课”。

（二）辅导员自身专业特点的必然要求

大部分高校在辅导员招聘中对专业没有明确要求，一所高校的辅导员队伍组成既有文史类，也有理工类专业，这对辅导员工作自身而言既有优势也有劣势。其优势在于不同的专业组合，对于需要宽口径知识储备的辅导员来说可以很好地发挥专业优势，为学生提供更多、更广泛的服务和指导；其劣势在于少数理工类专业辅导员在社科知识、心理知识等方面储备不足，不能准确或者深度开展价值观教育。因此，辅导员所具有的这种自身专业特点恰恰要求在“形势与政策”课教学中只有坚持知识性和价值性的统一，才能站稳课堂，实现育人效果。

辅导员一般为硕士学历，加上所学专业与思政工作存在一定程度的不匹配，在课堂上对某一知识点、热点事件或党和国家政策背景进行准确的学理性阐释具有较大的挑战。但只要辅导员从知识性和价值性相统一角度出发，并紧密地把握二者内在逻辑关系，在知识教授过程中积极传递价值，就能够提高“形势与政策”课的质量和吸引力。

（三）辅导员队伍高质量发展的应有之义

辅导员队伍高质量发展有赖于知识性与价值性同频共振，同步提升。辅导员在价值观教育中有机制、有基础、有载体，而在知识积淀、运用等方面存在不足，这深刻制约着辅导员专业化、职业化发展。在日常工作中，辅导员工作侧重价值性追求，而在“形势与政策”课中实现二者有机统一，积淀相应的知识，反过来可以促进辅导员队伍健康发展。

辅导员是高校思政工作一线队伍和骨干力量，其健康持续发展对维护高校稳定，助力学生成长成才，实现学校立德树人根本任务具有重要作用。有人说，辅导员工作是“雕刻灵魂”的实践，这生动说明其对培养祖国下一代的意义。同时，在思政课改革创新中，教师队伍是关键，而辅导员有从事思政课特别是“形势与政策”课教学的职业优势，其高质量发展对形成一支高素质的思政课教师队伍具有重要意义，与思政课专业教师队伍形成有效合力，协同育人，进而不断创新大学生思政课。因此，辅导员坚持“形势与政策”课知识性与价值性相统一是队伍高质量发展应有之义。

二、辅导员坚持“形势与政策”课知识性与价值性相统一的角色定位

坚持知识性与价值性相统一的实质在于借助知识面塑造价值观，从而也使得价值的“点”或“线”在知识之“面”的作用下更好地得到巩固[1]。辅导员在高等学校学生日常思想政治教育和管理工作中扮演着组织者、实施者、指导者等角色，那么在教学中该如何定位？这是摆在辅导员参与教学时必须要

面对的问题。笔者认为,辅导员在教学中扮演的角色与作为思政工作角色类似,但作为一门课程,有其独立性和特殊性,辅导员在教学中可能会承担如下角色。

(一)课程建设的参与者

“形势与政策”课与其他思政理论课的不同之处有:没有统编教材、内容多样、形式更灵活、教师队伍构成多元等,具有较强的政治性、政策性、时效性、针对性等[2]。课程内容主要是来自教育部社科司每学期下发的《高校形势与政策教育教学要点》,其主题多、范围广,这就需要辅导员不断加强课程建设,主动把握其内在规律才有可能把课上好,若仅仅按照给定的材料粗略备课,教学效果一定不会好,学生对课程的认可度也会相对较低。

辅导员要主动和思政课专业教师、相关专家等共同参与课程建设,并在其中发挥主要作用。通过课程建设的全程参与,了解课程背景,课程规划,理论基础,适配的教学形式、技巧,学生关注点,话语转换,等等,从而使得辅导员上课时有底气、有说服力,兼顾知识性和价值性。

(二)课程教学的组织者

“形势与政策”课的特殊性要求课程教学具备足够的灵活性。教学内容主要是国家大政方针、习近平新时代中国特色社会主义思想、国际热点事件、大国关系等,有的与学生生活息息相关,有的离学生实际较远,需要对不同主题进行针对性设计。笔者调研了一所高校的预科生教学,辅导员让学生以个体和小组形式组织,同时邀请不同专业教师、不同领域代表者等作为授课教师,并规定每周固定的上课时间。在整个过程中,辅导员担任的是一个组织者角色,将教学价值性与知识性进行有机联系。

辅导员在该课的实施中不一定要担任直接主讲人,而要善于发挥组织协调优势,为学生找到合适的教学资源和教学方法,打造具有特色的教学形式,让学生沉浸式体验“形势与政策”课的魅力。辅导员担任课程教学的组织者，设置一个有效的育人场景，不断促使学生主体性的提升，自觉自主地探索和理解教学内容。

（三）课程实践的指导者

当前“形势与政策”课教学中存在不同程度的理论教学与实践教学相互脱节的现象，主要表现为：一种是马克思主义学院教师负责理论教学，其他辅导员负责实践教学；另一种是只有理论教学，没有配套的实践环节，损害了课程的完整性。有研究指出，“形势与政策”课应探索完整的理论教学与实践教学相结合的教学机制，规范实践教学的组织、运行与考查[3]。实践是检验真理的唯一标准，价值观教育要经得起实践的检验，辅导员应深入思考如何开展实践教学。

辅导员可以凭借自身与学生直接接触优势以及课程教学本身的要求，指导学生从事相关课程实践。在专业实践、社会调研和志愿服务等方面，辅导员可以结合课程内容，布置相应作业，指导和督促学生高质量完成相应任务，达到理论教学和实践锻炼有机统一的目的，从而实现价值性要求和知识性供给的良性平衡。

（四）课程评价的反思者

相对于其他思政课，“形势与政策”课评价相对宽松，致使学生和教师均对该课程不够重视。而弱化了评价指挥棒作用，也就深刻影响着“形势与政策”课知识性与价值性的统一。目前对学生的评价一般通过作业、点名、开卷考试等方式进行，对任课教师的考核也缺乏有效、规范的评价体系[4]。因此，如何构建有效的“形势与政策”课评价体系是辅导员和所有思政教师需要正视的问题。

辅导员在构建评价体系方面可能面临较大困难，但可以在教学中注重突出对课程评价的反思性，以反思促改变。通过收集学生反馈信息、建议等来改善和创新教学方式。同时，教学中积累的经验，可以为日常思政工作所用，提升价值观教育质量，增强学生获得感。

三、辅导员坚持“形势与政策”课知识性与价值性相统一的实践路径

在课堂上，辅导员可以彰显自己作为“专业教师”的一面，把自己具有的思政工作经验与获取的相关专业知识有效融通，进而实现价值观教育和知识教育双重目标。笔者认为可以从辅导员坚持“形势与政策”课知识性与价值性相统一的基础、抓手、思路和保障等四个方面来探究其实践路径。

（一）健全备课机制，提升辅导员使命感

集体备课机制是高校思想政治理论课教学的重要组成部分，也是提高教学质量的重要途径。2018 年 4 月，教育部印发的《新时代高校思想政治理论课教学工作基本要求》强调统一实行集中备课和创新集体备课形式，推动思政课教师在现有条件下兼任辅导员、班主任等，提高备课针对性。辅导员是思政一线工作者，在教学中自带优势，高校应积极创造条件把辅导员纳入其中集中备课，与其他思政专业教师互学互鉴。同时，辅导员队伍也要加强集体备课机制，高质量落实集体备课的各项要求，为坚持“形势与政策”课知识性与价值性相统一打下坚实的基础。

除了构建辅导员集体备课机制外，辅导员还要高度重视课堂教学。辅导员日常工作大部分时间集中在“第二课堂”和“第三课堂”，处于配合“第一课堂”的境地。而“形势与政策”课是辅导员大有作为的“第一课堂”，辅导员应提高使命感，通过深度参与“第一课堂”、理论阐释、思想解惑、课程实践等，致力打造全环节的价值观教育，切实提高育人质量。

（二）创新教学活动，凸显学生主体性

习近平总书记强调思政课教师思维要新，要给予学生观察认识当代世

界、当代中国的立场、观点、方法，要创新课堂教学，给学生深刻的学习体验。教学活动是提高育人质量的主要抓手，思政课要取得较好的效果急需创新教学活动。课程本身不侧重理论，辅导员也不是理论阐释的专业教师，但辅导员创新教学活动着力点在于组织协调多方育人资源，创建良好的育人场景，借助多种形式协同推进教育教学活动，推动知识性和价值性的统一。如讲抗疫精神，可以邀请班主任、一线抗疫医生、参与抗疫学生家长、代表学生等进入课堂现场展示或者对某一个身边的案例进行辨析，启发学生思考等。

创新教学活动旨在凸显学生主体性。通过学生与辅导员一起策划、实施和完成课程，既可以让学生理解知识点，又可以体悟其中暗含的价值取向。辅导员可以利用网络平台提前给学生设置若干相关问题，鼓励学生进行调研访谈，指导学生去寻找线索和答案，并通过课堂来分享和交流，进而引导学生一步步深入，最终达到全面理解教学内容的目的。

（三）强化技能培训，恪守育人目标

当前，关于辅导员“形势与政策”课教学技能专题培训较少，但思政专职教师这方面培训较多。这一方面表明对辅导员教学的不够重视，另一方面也制约着辅导员教学能力提升。近年来，辅导员“形势与政策”课大赛受到较大关注，但侧重参赛缺乏培训，辅导员表现不尽如人意。辅导员虽大多为硕士学历，但直接开展教学的经验和技能相对匮乏，因此，在坚持知识性与价值性统一过程中需要注重辅导员技能培训，最好能够纳入辅导员入职、在职等培训环节中，作为辅导员基础技能培训之一。高校可以通过开展专题培训、校内外主题交流、竞赛等方式提高辅导员教学技能。

在关注技能培训的同时，更要恪守育人目标，这是开展价值观教育核心点，也是坚持知识性与价值性相统一的思路。有学者指出，“形势与政策”课教育需要讲清楚知识图景的无知之惑、思想站位的不清之惑、思维

能力的乏力之惑、方法工具的无方之惑等[5]，只有做到知识性和价值性的统一才能做到有针对性的“释疑解惑”。技能培训的目的在于实现育人目标，辅导员在课程教学、参加培训等过程中需即时思考如何为培养时代新人服务。

（四）制定激励政策，推进课程规范化

教师的主动性、积极性、创造性是提高思政课质量的关键。在现实中，辅导员从事“形势与政策”课教学培训机制不健全、重视度不高，大多是被动行为，教学质量整体水平不高，难以有效贯彻知识性和价值性相统一的要求。高校相关职能部门应该高度重视辅导员“形势与政策”课教学，作为队伍建设的必要环节，并作为重要指标纳入辅导员职称评定、绩效管理、荣誉评选等，切切实实提高辅导员积极性、主动性。

辅导员坚持“形势与政策”课知识性和价值性统一，虽取得良好的教学效果，但还需要不断推进课程规范化建设。从历史上看，我国 1987 年才正式把“形势与政策”课列为一门思想教育课程，1988 年才有第一份专门的文件对课程的建设进行详细的规定[6]。随后，其课程体系逐步发展，但该课的规范化建设当前仍然存在不少问题，还远远不能满足新时代育人的要求。笔者建议尝试构建辅导员从事“形势与政策”课教学、培训、评价等动态标准，确立发展体系，打造高质量、共享的“形势与政策”课平台，扎实推进课程规范化。

参考文献

[1] 徐蓉.“形势与政策”课教学应处理好三大关系[J].思想教育研究，2019(2)：95-97.

[2] 黄洪雷.地方高校“形势与政策”课特色化教学研究[J].思想理论教育导刊，2018(1)：103-105.

[3] 张录全.强化“形势与政策”课意识形态功能的探讨[J].思想理论教育导刊，2019，244(4)：111-114.

[4] 黄立清.高校“形势与政策”课教学质量提升的思考[J].思想政治工作研究,2019(10):38-39.

[5] 杨希.形势与政策教育需要讲清楚几个问题[J].高校辅导员学刊,2019(5):31-35.

[6] 陈华栋,沈颖.课程规范化建设视角下“形势与政策”课的演进与思考[J].思想理论教育导刊,2018(6):120-125.

“互联网+思政”背景下高校辅导员提升“形势与政策”课程教学效度研究

朱晋赤

【摘要】 “互联网+思政”背景下“形势与政策”课程拥有时效性加强、教学内容丰富、教学空间延展以及教学获得感提升的有效发展契机，但同时也面临着课程教学的现实困境。如何在“形势与政策”的课程教学实践中切实提升教学效度，需要探寻发挥社会主义核心价值观的引导作用、发挥辅导员的育人主体作用、发挥学生主体的自我教育作用以及发挥“互联网+思政”的正向作用等有效路径，让更多学生抬起头、听进去。

【关键词】 互联网+　形势与政策　辅导员　育人合力

2016年12月，习近平总书记在全国高校思想政治工作会议上提出：“要增强思政课‘亲和力’以及提高思政课学生的‘抬头率’和‘参与度’问题，要充分发挥思想政治理论课的主渠道作用，创新教学方法。”[1] 2019年3月，习近平总书记在“思政课是落实立德树人根本任务的关键课程”的讲话中再次强调：“思政课作用不可替代，要推动思政工作贯通人才培养体系，发挥融入式、嵌入式、渗透式的立德树人协同效应。互联网这一新常态下教育时代的诞生和到来，为各高校的教学体系建设带来重大机遇，随之而来的是一系列的挑战。”[2]

学校的第一阶段理论教育发展时期作为青少年人生发展和健康成长的关键时期，是青少年成长和人生的“拔节孕穗期”，最需要精心的教育引导和栽培，思想政治理论课教师责任重大、作用关键。习近平总书记在学校思想政治理论课教师座谈会上强调："办好思想政治理论课，最根本的是要全面贯彻党的教育方针，解决好培养什么人、怎样培养人、为谁培养人这个根本问题。"[3]作为高校思想政治辅导员，处在意识形态工作前沿阵地，更要做守土尽责的"庄稼人"，助力青少年成长为堪当民族复兴大任的时代新人，扣对、扣牢人生第一粒"扣子"。

一、"互联网十思政"背景下"形势与政策"课程的发展契机

（一）"形势与政策"课堂教学的时效性增强

"形势与政策"课堂教学的主要教学目标是把党和国家的最新政策方针、社会动态，最新的国内国外时政热点传达给学生。"新鲜""快速""实时"是"形势与政策"课程的特色。比起传统的要从报纸等纸质媒体获取信息，互联网背景下各主流媒体不受空间限制，能更加实时地传播要闻，并且对事件的介绍更详尽，覆盖范围更广泛。主流媒体上关于国内外重大事件的相关报道和评论比较权威，积极传递正确的价值观，"形势与政策"课教师可以随堂通过新媒体即时向学生进行展示，学生可以借助手机网络在课堂上自觉地、主动地、及时地搜索相关实时信息，也可以依托讨论板进行学习和探讨。同时，师生能够在交互平台上实时展开交流互动。学生更加积极自主地参与"形势与政策"课堂教学，改变了传统的教师与学生之间纯粹的讲授和听讲的关系。

（二）"形势与政策"课堂教学的内容更丰富

国内外政治、经济、文化和社会等热点问题是"形势与政策"课堂教学的主要内容，在互联网环境下，这些相关内容都能通过便利通道速递到课堂，"形势与政策"课教师可以挖掘的教学信息范围更广，更有选择性。教学内容随着教学素材的拓展也变得更加生动直观，避免了传统理论教学的抽象和枯燥。课堂教学也因为教学素材丰富的形式和全面的门类变得更加具有趣味性、时效性，教师的教学过程也随之更有吸引力，学生也会更加专注于课堂教

学的内容。

(三)“形势与政策”课堂教学的教学空间得到拓宽

在传统多媒体环境下，课程的教学空间大多仅限于课堂，只能采取平面媒体的形式，任课教师无法全面、透彻地将教学内容传递给大学生。互联网的交互开放为“形势与政策”授课教师打造线上教学平台等提供必要条件，各种新媒体工具和应用都可以成为“形势与政策”课程教学的载体，教师将教学空间延展到课堂之外，可以充分利用新媒体工具开展“翻转课堂”等形式的教学，进一步扩大课程的影响力和辐射力。

(四)“形势与政策”课堂教学的师生获得感提升

在传统课堂环境下，学生和老师的交流或多或少存在障碍，面对面的情境仍然会给学生带来紧张情绪，很难做到师生之间敞开心扉的零距离沟通交流。而在如今的互联网环境下，师生可以利用教学平台，在线进行实时交流，甚至采用匿名的形式向任课教师请教问题，倾诉学习、生活带给自己的困惑，客观分析热点问题。学生既表现了真实的自己，又避免了面对面对话带来的压力，教师也因此更能聚焦学生对焦点问题的真实认识，准确把握学生思想动态，及时妥善地处理学生的现实困境。尊师与爱生就此实现有机互动，师生都能在课堂教学中提升获得感。同时，“灌而不疏”的被动教学局面被打破，在线交流可以作为“形势与政策”课堂教学改革过程中值得借鉴的教学方式。

二、“互联网＋思政”背景下“形势与政策”课程的现实困境

2018年，教育部教社司印发《教育部关于加强新时代高校“形势与政策”课建设的若干意见》(以下简称《意见》)，《意见》开篇即对“形势与政策”课程进行原则性规定：“是理论武装时效性、释疑解惑针对性、教育引导综合性都很强的一门高校思想政治理论课。”《意见》从切实加强教学管理、准确把握教

学内容、规范建设教学资源、择优遴选教师队伍、创新设计教学方式、注重考核学习效果、大力加强组织领导等八个方面进行了细致的规定与要求①。

（一）教学内容时效性强，挑战教师备课

"形式与政策"课程具有很强的国际时代感和很强的社会动态性，突出的是时代性特点，是当下最"新"和最"热"的内容，主要包含国内外的重大政治事件、经济形势与政策以及国际热点透析等。时效性强这一特点对任课教师的要求进一步提高，通常教师只有几周备课的时间，且每一次授课往往面临全新的授课内容，时事日异月殊，因此课程教师备课的任务更重、强度更大。

（二）教学资源丰富，挑战教师的线下教学

对于热爱网上冲浪的青年学生，可以轻易地从网上获取多样的信息。丰富的教学资源，也有助于教师获取大量备课资料，但开放的网络环境也使得学生在获取资源的同时，失去对课堂教学的兴趣。如何抓住学生兴趣，引导学生深入研究探讨、透过热点现象看清事物本质，是辅导员作为思政课程教师在线下课程教学中面临的挑战。有些教师在备课过程中易陷入材料众多的"泥潭"，在教学时反复罗列、堆叠资料，却忽略对问题的深度挖掘与分析，自然无法吸引学生注意力。如果教师能够熟练运用丰富的教学手段，引导学生对现象、问题抽丝剥茧，进而得出自己的结论，那就不仅能够提升学生分析问题的能力，也能吸引学生对课程学习的关注。

（三）教学内容涉及领域广泛，挑战教师的继续教育

"形势与政策"课涉及的教学内容体系庞大、领域宽泛，涉及的问题专业性强，涵盖国内和国际两大范围，教学内容具有零散性和碎片化特点，迄今没能构建真正的、完善的学科体系。而课程的教学内容不能囿于专业学科框架之内，须从政治理论认知的角度去理解和分析。这就要求教师把从实践中凝

① 教育部关于加强新时代高校"形势与政策"课建设的若干意见，教社科〔2018〕1 号文件.

练升华而成的理论认知作为认识问题、分析问题和判断结论的出发点和理论归宿点，“欲给学生一滴水，教师需有一桶水”，这不仅对教师提出了学科专业知识的要求，更需要其教到老，学到老。

(四) 信息孤岛大量存在，挑战资源共享平台信息化建设

尽管伴随着教育和信息化的迅疾发展，网络平台已经成为思想教育的新阵地，为高校的思想政治教育提供了丰富的数据和资源，但是能够得到充分利用的资源仍旧匮乏。谢兴志提出：“高校内的‘信息孤岛’则主要是指校内各部门之间信息互通困难、无法进行有效的信息和应用系统数据共享、无法有效实现信息一体化管理。而高校之间的‘信息孤岛’则主要是指各高校之间由于自身原因常常各行其政，导致拥有的信息资源只能在本校范围内收集和使用，不能有效地借助其他高校的信息资源对自身进行有效的更新和优化或者增容。”[4]

三、依托“互联网+”提升“形势与政策”课程教学效度的有效路径

(一) 发挥社会主义核心价值观的引导作用，讲好中国故事

坚定马克思主义信仰，应对不良价值观的挑战。要避免“大水漫灌”式的官话讲授方法，应以当代大学生乐于接受的方式，加以运用当代大学生话语体系，通过生动的案例、故事与课程理论相结合的方式，思政课教学内容真正进入学生内心。大学生处于“三观”形成的重要时期，作为思政课教师需要及时回应学生关切，对于学生提出的某些尖锐问题要进行积极引导，线上与线下良性互动，发挥课堂的舆论主阵地作用。

借助专业团队以及权威媒体，传播好中国声音。当前媒体的多样性使得不同的声音都有可能得到传播，但我们一定要占领主阵地、用好主流媒体，进行权威解读。如利用中央电视台、共青团中央、《人民日报》等的相关音频、视

频资料，结合教学内容进行必要的删减。微课、慕课的出现，同样极大丰富了思政课教育教学资源，让学生学习到国内名家大师的教学内容，也成为很多“新手”思政课教师的“示范性”课堂。

（二）发挥辅导员育人主体作用，坚持课堂教学的主体原则

丁雅诵指出：“当前许多思政课教师做的是‘思政 + 互联网’，而非真正意义上的‘互联网 + 思政’，浅层学习明显。”[5] 由于“互联网 + 思政”在操作过程中容易变成单纯地将粉笔黑板转变为电子课件与视频，学生进行简单课程信息的浏览、拍照、提交作业，按部就班完成教师布置的任务，但实质仍然只是在重复机械化的训练。

高校辅导员长时间与学生建立联系、保持互动，对自身所在学院学生的专业、思想动态把握较为精准，促进高校辅导员队伍与思想政治理论课教师队伍的有机融合，能够形成强有力的思想政治教育工作育人合力。除了从根本上解决思政课程教师队伍不足的问题外，辅导员的加入还能在集中备课过程中，结合学生专业特点，对多样的案例进行选择与讲解，与思政理论课教师进行研讨，从而将理论教学与专业素养的养成以及实践有机结合，让教学内容深入人心，为从根本上提高教学质量提供了重要保证。

“互联网 + ”给思政课教学改革带来全新的视角，突破了传统教学的单向授课模式，但我们必须清晰认识到，这只是一种用以辅助教学的手段，始终无法代替课程教师的教育与引导功能。白国诚认为：“作为高校辅导员，应充分发挥自身作为思政课程教师队伍不可或缺的力量优势，完善教学平台及互联互通的同时，讲好中国故事，让更多学生抬起头、听进去，进一步扩大思政课育人范围。”[6]

（三）发挥学生主体的自我教育作用，提高海量信息的甄别水平

学生应当认识到网络环境虽然有海量的信息资源，传播速度快、范围广，但存在诸多虚假、负面信息，并且以碎片化的形式呈现，对自己独立思考能力

的培养、正确价值观念的形成存在不良影响。而“形势与政策”课程具有很强的思想性、政治性和引导性，能够系统、客观讲解国内外形势和国家政策，全面、深刻地分析问题，及时纠正大学生受网络环境影响所产生的错误思想和价值观念。大学生应自觉舍弃对“形势与政策”课程的错误认识，不做时政新闻的“传声筒”、国家政策的“剪贴板”等，要从巩固马克思主义在意识形态领域指导地位，坚持党的领导，培养自身全面发展的高度，客观、全面认识课程的重要价值。

首先，学生要在内心真正接受和认同社会主义核心价值观。大学生要把爱国、敬业、诚信、友善的价值观作为自己的精神追求，并在平时生活中以实际行动践行社会主义核心价值观。其次，大学生要认识到不良思想对自身发展的严重危害，看清不良思想给自己带来的消极影响，及时与其划清界限。最后，大学生要学会以社会主义核心价值观抵御不良思想。社会主义核心价值观为大学生的成长成才树立了正确的价值目标，学生要对与社会主义核心价值观相违背的思想提高警惕，加强防范，在以实际行动践行社会主义核心价值观的过程中提高自身对不良思想的抵御能力。

（四）发挥“互联网＋思政”的正向作用，完善教学平台及互联互通

始终坚持以学生为中心，了解学生的课程需求。思政课教师通过精心的教学设计，将“互联网＋”与课堂讲授有机融合，在恰当的时机借助平台功能，环环相扣，层层引导，最终达到良好的教学效果。

借助新媒体，丰富教学手段、拓展学习内容。创新学校线上“形式与政策”课程教学平台以及校际教学平台的互通，打造“时事学习”“课程资源”“学习提升”等栏目，包含对教学团队的介绍、学生应学应知的理论知识、教学大纲和重点、课程作业等相关内容。平台的打造与更新及时共享，能够让学生对本学期的课程要求一目了然，并按个人的兴趣参与各种形式的比赛，完成布置的作业。同时，学生和教师可以通过课程提供的其他平台链接，便捷查

阅学习相关文献资料以及其他高校的教学内容；学生可通过后台留言板讨论板块，提出自身关切的问题或者对课程教学内容的思考与建议，教学团队对此进行及时有效的回复；教师可借助平台举办各种实践教学活动比赛，如时事新闻播报、榜样的力量、我心中的抗疫英雄等符合教学要求的内容，或学生感兴趣的内容，进一步激发学生的兴趣。不仅如此，平台不断完善应用功能服务，及时更新与反馈，以期通过平台了解学生使用频次以及使用效果，提升课程教学效果，从而真正起到铸魂育人的作用。

参考文献

[1] 习近平在全国高校思想政治工作会议上的讲话[EB/OL].(2016-12-10). http://www.xinhuanet.com//politics/201612/10/c_1120090838.htm.

[2] 刘慧.大数据时代背景下“形势与政策”课程的机遇与挑战[J].中外企业家，2020(16)：160-162.

[3] 把思政课办得越来越好——论学习贯彻习近平总书记在学校思政课教师座谈会上重要讲话[EB/OL].(2019-03-19). http://www.gov.cn/xinwen/2019-03/19/content_5374868.htm.

[4] 谢兴志.关于高校形势与政策课程教与学的点滴思考——西南交通大学形势与政策教学改革和课程建设的现状与前瞻[J].大学教育，2020(5)：114-117.

[5] 丁雅诵.互联网+教育，须由浅入深[N].人民日报，2018-01-04(17).

[6] 白国诚.“互联网+”时代高校思政课改革探析[J].课程教育研究，2016(11)：21-22.

课程思政篇

新时代推动高校教师开展课程思政的制度机制研究*

袁则文

【摘要】 课程思政是新时代高校思政工作的重点和创新发展的基本趋向。高校教师作为课堂教学的主导者，是高校课程思政有效开展的关键人群，深刻影响着课程思政推进的各个环节及其成效。为有效激励、保障和规范高校教师积极主动地开展课程思政，必须推进相关制度建设。制度建设必须形成制度机制体系，主要分为引导与激励机制组合、保障与规范机制组合、考核与奖惩机制组合三个部分，每一部分又由若干机制组成，共同推动和保障高校教师长期稳定地开展课程思政。

【关键词】 新时代　高校教师　课程思政　制度机制

高校是立德树人、培养优秀人才的主要机构和渠道。思政教育模式的优化是新时代高校坚持和做好立德树人工作的重要前提和要求，也是确保我国高校始终坚持社会主义办学方向、培养品学兼优人才的重要保证。党的十八大以来，党中央对高校乃至所有学校的思想政治教育工作越来越重视，不仅在新中国历史上首次专题召开了“全国高校思想政治工作会议”，而且首次专门召开了“学校思想政治理论课教师座谈会”，对新时代高校思政工作和学校思政教师提出了新的要求。习近平总书记在 2016 年 12 月召开的全国高校思想政治工作会议上指出，高校“要坚持把立德树人作为中心环节，把思想政

* 本文系上海市教育委员会优青项目“新时代推进高校教师开展课程思政的长效机制研究”的阶段性研究成果。

治工作贯穿教育教学全过程，实现全程育人、全方位育人”，并明确提出“使各类课程与思想政治理论课同向同行，形成协同效应”[1]。这一重要论述不仅为新时代的高校思政工作指明了方向，而且促进了高校思政工作格局的转型，从原先的“思政课程”转向“课程思政”，力求充分发挥“每一门课程的育人功能、每一位教师的育人责任”，实现所有课程在育人功能和学生价值观培养中的“共舞共振”[2]，一种“大思政”格局正在全国高校中加紧构建与形成。由此，发挥高校所有课程思想政治教育功能的“课程思政”教学模式正成为新时代高校思政工作创新发展的基本趋势，并在各地进行各种形式和路径的探索。

应该说，面对新时代新情况新形势，高校“大思政”格局的构建是非常契合时代之需的，是高校立德树人工作发展向前的要求，将推动高校思想政治工作模式的创新发展。自“课程思政”提出以来，学界和高校对相关理论和实践都进行了一定研究和尝试，提出了一些比较好的理论洞见和实践思路，推动了课程思政研究及其实践探索的发展。但目前整体上还停留在“价值构建”和“经验借鉴”层面，对一些重大理论问题和现实问题依然缺乏深刻洞见[3]。其中，一个非常重要的现实问题就是：如何在高校思政建设工作中避免出现“三分钟热度”，实现长期长效推进、促进课程思政建设及其效果的积累性发展？为此，必须强化制度建设，以促进和保障课程思政建设的不断推进和完善。学界目前已有学者进行了一定探讨，提出了一些制度建设内容和路径，但总体上比较碎片化，缺乏对保障课程思政建设平稳有序与长期推进的整体性制度机制体系设计和构思，很难保障和促进课程思政的成效积累与不断发展。因为，制度效应的有效发挥和稳定维持不是单一制度机制或零散制度机制建构所能达到的，而是需要一个比较完整的制度机制体系的支撑。同时，高校课程思政能否成功实施，教师是关键。基于此，本文在探讨教师对课程思政的作用基础上，讨论制度建设对保障教师开展课程思政的重要性，并尝试构建一个推动和保障教师积极开展课程思政的长效制度机制体系。

一、教师是高校课程思政有效开展的关键

课程思政重在整合高校各种资源、发挥高校各方面力量，全员、全过程、全方位地推进立德树人工作，培养品学兼优、适应时代与国家社会需要的人才。习近平总书记在2019年3月主持召开的学校思想政治理论课教师座谈会上说："办好思想政治理论课关键在教师，关键在发挥教师的积极性、主动性、创造性。""思政课教师，要给学生心灵埋下真善美的种子，引导学生扣好人生第一粒扣子。"这虽然是对思政理论课教师说的，但对于全体教师都适用。作为"人类灵魂的工程师"，教师负有"传道""受业""解惑"的重要责任与使命，既要传授知识给学生，也要注重引导学生思想，培养与塑造学生健全的人格和高尚的情操，"为学生点亮理想的灯，照亮前行的路"。高校课程思政正是以此为理论基础，意在努力发挥全体高校教师的思政教育作用、整合高校的思政教育资源、提升高校的思政教育水平、提升高校的思政教育成效。

在高校课程思政建设中，教师是关键，其深刻影响着课程思政推进的各个环节及其成效。从其实践运作看，高校课程思政的主体主要是高校管理者和专业课教师两类。其中，高校管理者主要是课程思政建设工作的规划者、组织领导者、资源保障者和监督检查者，而非主要从事具体课程思政课堂教学者。多数课程思政的课堂教学是由各学科的专业课教师来承担的，他们占据了课程思政主体的绝大部分乃至全部，是课程思政教学真正有效推进和全面持续落实的主要承担者。从课程思政教学渠道来看，日常各类专业课课堂是主要平台，专业课教师是课程思政课堂的主要组织者；从课程思政教学形式来看，专业课教师在专业课教学中融入思政教育是主要形式，专业课教师是课程思政的主要实施者；从课程思政教学过程看，专业课教师在专业课教学中紧密结合专业内容传播相关思政教育内容是主要方式，专业课教师是课

程思政内容的主要选择者。可见，教师是高校课堂的直接主导者，具体决定着每一堂课的内容和形式，对高校课程思政的内容取舍、形式选择和实践推进都有决定性影响，深刻影响着高校课程思政的开展。

同时，专业课教师开展课程思政也有自己的独特优势。他们“术业有专攻”，虽然在思政理论知识方面可能了解不多，但在专业学科知识上自身优势明显，能够巧妙地结合学科知识开展课程思政，对学生的思想和情感进行培育、引导，激发学生的学习热情和报国情怀。这种课程思政通常在教育效果上并不一定输于思想政治理论课，有时甚至会更好。其中原因在于两个方面：一是专业课教师相比公共课教师通常在学生中具有更高的认可度和权威性，学生心理上更愿意倾听他们、相信他们，从而使他们的话语更易被学生接受、理解，留下更深刻印象；二是专业课教师在专业课教学中开展课程思政时，通常将思想教育与具体学科内容紧密联系，是在专业知识的基础上引申而来，有血有肉，不空洞，易于理解，常有“润物细无声”之效，学生更容易接受与理解。

因此，高校教师，特别是专业课教师的积极参与对课程思政建设至关重要，每一个教师的积极参与、认真努力、不断坚持、守正创新是高校课程思政真正取得成效的前提与基础。他们主动承担课程思政任务、积极开展课程思政教学、创新课程思政方式的热情能否调动起来，他们作用发挥的好坏，决定性地影响着高校课程思政建设的推进和成效。

二、推动高校教师积极开展课程思政必须要有制度机制保障

教师是高校课程思政践行的关键人群，高校课程思政的实践和广泛推行需要教师的广泛、积极参与，教师的积极性、主动性、创造性对课程思政建设及其成效至关重要。但因多种原因，目前高校课程思政在推进实践中还存在不少困难，面临着意识缺失、能力不足、资源短缺和协同乏力等关键障碍，这

不仅阻碍了教师对高校课程思政理念的认同，而且阻碍了教师课程思政教学的开展。要从根本上克服这些障碍，就必须重视制度建设，推进相关制度机制的构建与完善。诚如诺贝尔经济学奖获得者道格拉斯·诺斯所指出的，制度作为“一系列被制定出来的规则”“提供了人们相互影响的框架”，能够对“追求主体福利或效用的最大化利益的个人行为”产生约束效应①。具体来讲，制度建设对高校教师开展课程思政的作用如下。

1. 制度建设对教师开展课程思政具有激励与引导作用

作为一种社会交往规则和框架，制度既对人们的行动选择和偏好进行约束，也对人们的行动选择和偏好进行塑造和鼓励，明确告诉人们应该“在哪个范围行动”“朝哪个方向行动”“怎样行动”。马奇和奥尔森曾指出，个体的偏好和利益是在制度脉络中形成的，是制度的产物，制度的规则和过程可以通过多种方式形成和改变个体的价值和偏好②。制度化程序能够产生预期的约束或预见性的互惠期望③。因而，制度是人们行动的指南，对人们的行动具有强烈的激励和引导作用。诺斯指出，“制度构造了人们在政治、社会或经济领域里交换的激励”，在社会中发挥着更为根本的基础性作用④。

在高校课程思政推进中，加强制度建设对激励和引导教师参与和开展课程思政具有重大促进作用：一是通过制度建设建立稳定领导机构、组织机构和制度机制，教育主管机构和高校领导者可以有力、有序地推进课程思政的理念传播和理论宣讲，强化对教师的课程思政相关知识教育引导，增强教师对课程思政意义和价值的理解，加强教师的课程思政意识，激发教师的参与热情；二是可以通过制定明确的激励政策和奖惩办法，为教师提供稳定的心理预期，引导和改变教师的行为偏好，激发教师参与兴趣，创造教师开展课程

① 道格拉斯·诺斯.经济史中的结构与变迁[M].陈郁，罗华平，译.上海：上海三联书店，1991：71.

② 河连燮.制度分析：理论与争议[M].北京：中国人民大学出版社，2014：12.

③ 罗纳德·L.杰普森.制度、制度的影响与制度主义[M]//薛晓源，陈家刚.全球化与新制度主义.北京：社会科学文献出版社，2004：267.

④ 道格拉斯·诺斯.制度、制度变迁与经济绩效[M].杭行，译.上海：上海三联书店，2008：3，147.

思政的条件，吸引广大教师积极参与课程思政建设；三是可以通过建立制度化的教育动员机构、机制，有序、持续教育和动员广大教师积极参与课程思政建设，鼓励教师努力探索和尝试开展课程思政教学。三者共同为高校课程思政的全面推行营造一个良好的工作氛围，奠定良好的教师课程思政教学基础。

2. 制度建设对教师开展课程思政具有保障作用

诺斯指出，制度“通过建立一个人们互动的稳定(但不一定是有效的)结构来减少不确定性”[①]。制度不仅“使复杂的人际交往过程变得更易理解和更可预见”，减少了世界的复杂性和“远期无知”，使人们对他人的反应或行为更可预见、对未来的发展更可预测，有助于缓解个人间或群体间冲突，增强人们之间的信任与有效协调[②]；而且为人们的行动及其资源获取提供了方向指引和渠道机制，推动人们有效地开展行动。因此，制度是人们有效行动的保障。课程思政建设是新时代高校深化立德树人工作、提升教育教学水平的一项大规模行动，涉及高校教育教学的各个方面、各个部门，其稳定有序推进有赖于制度建设。通过制度建设，建立健全各项保障机制，一是可以为高校教师积极参与课程思政建设、顺利开展课程思政提供稳定的制度框架和行为规则，对教师的课程思政开展进行有效的组织领导，为各参与主体间的互动协调提供规范化的机制通道等，使他们能各就其位、各负其责、有效互动，保障教师课程思政参与和开展的有序化推进；二是可以对教师的课程思政行为提供定期规范的技能培训与思想指引，对教师开展课程思政的条件和资源提供制度化的供给，为教师顺利开展课程思政提供着坚实、稳定的基础保障，推动课程思政建设稳定发展。

---

① 道格拉斯·诺斯.制度、制度变迁与经济绩效[M].杭行，译.上海：上海三联书店，2008：7.

② 柯武刚，史漫飞.制度经济学：社会秩序与公共政策[M].韩朝华，译.北京：商务印书馆，2008：142-145.

3. 制度建设对教师开展课程思政具有规范作用

高校课程思政建设必须坚持正确政治方向，始终坚持党的领导和马克思主义办学原则，正确引导广大青年大学生正确认识党、国家和社会，使一批批青年成为品学兼优的合格人才。这既是高校课程思政建设的初衷，也是高校课程思政建设必须坚持的首要原则。为了保障高校课程思政建设实践不偏离正确政治方向，纠正非规范化行为，必须高度重视相关制度建设。作为人类解决集体行动问题的一种方式，制度能够减少人们的“搭便车”行为，既可以成为修正错误的手段，也可以防止错误出现①。制度建设，健全制度体系，既能够对人们的行动进行引导、激励和赋权，也能够对人们的行动自由进行限制，制度的赋权是有限度的，制度下的“自由”也是有条件的，仅仅是约束范围内的自由。制度具有保护自由与约束自由的双重作用，“所有的制度在授权的同时，也实施控制”“所有制度都是确立认同及其活动依据的程序或规则的框架”②。在推进课程思政建设过程中，为保证课程思政正确政治方向、课程思政规范有序有效开展，必须建立稳定的制度机制对教师的课程思政开展进行监管。具体来讲，制度建设对教师开展课程思政的规范作用表现在两个方面：一是建立健全教师开展课程思政的监督检查、考核评估、规范培训、惩罚纠错等相关制度机制，可以帮助高校对教师的课程思政活动进行定期化、制度化的监督检查、动态评估、规范引导，及时纠正课程思政中的错误导向和不当行为；二是建立健全相关制度机制，可以使高校有效地对全校教师课程思政开展情况以及全校课程思政建设进展情况进行制度化的监管和掌控，帮助高校及时地应对新情况、新问题，并做出有序化的调整和应变，推动和保证教师的课程思政始终规范有序展开。

---

① 卡罗尔·索尔坦.作为政治产品的制度[M]//薛晓源，陈家刚.全球化与新制度主义.北京：社会科学文献出版社，2004：287-288.

② 罗纳德·L.杰普森.制度、制度的影响与制度主义[M]//薛晓源，陈家刚.全球化与新制度主义.北京：社会科学文献出版社，2004：267.

三、推进高校教师开展课程思政的制度机制体系建设

课程思政建设需要加强制度建设，作为高校课程思政主体的主要群体，教师的积极投入、主动探索、努力创新都需要相关制度机制的激励、保障和规范，但制度要想有效运转需要得到协调，制度效果的彰显需要互相协调、相互强化、相辅相成的规则体系支撑。“只有当各种各样的规则形成一个恰当的和谐整体时，它们才能有效地造就秩序，并抑制侵蚀可预见性和信心的任意性机会主义行为”①。碎片化的制度构建即使单个制度很好，也很难有效发挥作用，实现预期目标。因此，我们必须在马克思主义理论的指导下，构建和完善支撑高校课程思政有效开展和长期推行的制度机制体系，帮助高校教师克服各种困难，激发参与热情，提升思政能力，挖掘各种资源，密切互动配合。这一制度机制体系主要包括三个部分：引导与激励机制组合，保障与规范机制组合，考核与奖惩机制组合。每个部分又由若干不同的机制组成，三个部分相辅相成、动态协调，共同促进课程思政建设不断向前发展。

1. 引导与激励机制组合

新项目的推进通常需要对相关参与群体进行激励与引导，否则很难形成良好的氛围、吸引足够多的参与者。高校课程思政建设也需要对教师进行激励和引导。在当前高校条块分割的格局下，专业课教师普遍认为，思想政治教育是一项专业性意识形态工作，已被划归马克思主义学院、社会科学部、学工部、团委等院系和部门，其他专业院系只需做好专业课教学就好，许多专业课教师对自身职责范围的认识和界定仅局限于专业知识技能的传授与普及，思想政治教育观念淡漠甚至缺失[3]。面对这样的现实，要想调动高校教师参与课程思政建设、开展课程思政教学的积极性，首先要对他们进行一定的激

---

① 柯武刚、史漫飞.制度经济学——社会秩序与公共政策[M].韩朝华，译.北京：商务印书馆，2008：164.

励和引导，积极进行理念理论传播、激励政策宣导和动员教育，提升教师对课程思政理念及其价值的认识和理解，消除教师对课程思政的误解，鼓励、动员和引导教师积极参与课程思政建设。为此必须构建四个机制：(1)宣传机制：成立专门、精干的宣传小组，并整合全校各院系、各部门宣传人员，通过各种方式、渠道向广大教师宣传课程思政理念、传播课程思政理论知识；(2)激励机制：制定专门的激励政策，设定课程思政项目，详细设定各种奖励措施，包括设置相关荣誉称号、进行物质奖励评比以及关联职称职务晋升等；(3)动员机制：定期召开全校院系部门主要领导会议，成立各院系课程思政领导小组，专责定期、定向动员专业课教师积极开展课程思政；(4)思想教育机制：要求各院系积极对广大专业课教师进行课程思政价值、意义的教育，组织相关交流讨论活动，并对一些教师的疑虑进行疏导解答，做好思想教育，提升教师课程思政认识，引导教师积极开展课程思政。

2. 保障与规范机制组合

长期开展的事务只有构建相应的保障和规范制度机制，才能保证其平稳有序运行，朝着预定目标前进。高校课程思政建设是一个全校范围的系统性工程，涉及人员多、参与课程广、开展时间长，过程纷繁复杂，要想长期有效推进、取得实效，也需要相应保障和规范制度机制。特别是在当前高校事务繁多、管理体制行政化与条块分割、专业课教师课程思政意识与能力参差不齐的情况下，如果没有相应的保障和规范机制，普通教师开展课程思政既可能得不到有效的资源支持与部门配合，也可能因能力不足而难以开展课程思政教学，久而久之，课程思政可能逐渐流于形式，被弱化、虚化、边缘化甚至中止，从而很难发挥专业课教师思想政治教育的优势，提升高校立德树人工作水平。具体来讲，这些保障和规范制度机制有：(1)组织领导机制：这是最基础性的制度机制之一。首先，在学校层面应设立课程思政领导小组，由校党委书记亲自牵头，各院系主管教学领导参加，并在校党办下设办公室，常设专职人员 2～3 人，负责相关事务沟通与统筹；其次，各院系由分管教学工作的书记(院长)主抓,负责院内外统筹协调。(2)资源供给机制:整合学校经费和设施等资源,建构课程思政资源分配制度,设置课程思政经费专项,切实保障资源供给。(3)协调合作机制:既要定期召开由各院系主管教学和课程思政的领导参加的统筹协调会,就课程思政开展中出现的各种问题进行沟通协调,也要在校内外各类教育主体之间建立起合作关系,发挥各自优势,在课程思政教学及相关项目研究等方面相互合作、互利共赢。(4)专家指导机制:成立由校内外专家组成的课程思政教学指导咨询委员会,建构课程思政的实施规范,对教师进行定期化、现场化的指导帮助和评议。(5)课程思政实施规划与汇报机制:根据专业课教学课程思政特点,规定每门专业课每学期课程思政至少3~5次(不一定每次课都要进行课程思政),并将简要教学方案于每学期初上报。(6)监督检查机制:建立督导教师制度和定期抽查机制,由督导教师根据课程思政教学方案和教学进度定期抽查,并建立定期汇报制度(每学期1次,不能太频繁,也不能间隔太久)。(7)定期培训与交流研讨机制:定期由学校或院系各自组织全校性、院系内课程思政意识和能力专题培训,并鼓励学校马克思主义院、学工部、团委与本校相关专业院系以及其他高校相关院系进行课程思政交流研讨。(8)反思改进机制:定期召开教学总结反思会、专家评议会和开展课程思政示范教学或成果展示(每学期各1~2次)等,帮助教师及时反思与改进,并形成书面总结反思文稿,积累经验教训,促进课程思政教学能力提升。

3. 考核与奖惩机制组合

考核和奖惩是推动事务稳步运作和不断发展的基本抓手。设定一定的考核指标体系和奖惩办法,建立较完善的考核和奖惩机制,制度化、规范化地对事物运作的过程和效果进行考核评估、对相关人员进行奖惩,既能使我们有效地掌控事务运作情况,也能使我们有效地推动事务运作规范发展。如果没有考核,我们很难掌控事务运作进展情况;如果没有奖惩,再多的检查和考核也不会有任何作用。“制度运行的关键在于犯规确有成本,并且惩罚也要有轻重之分”①。课程思政建设也要建立考核和奖惩机制，“没有‘评价体系’的指挥棒，课程思政工作就没有系统性、目标性，呈现出碎片化、随意化的情形”②。我们既要鼓励教师积极开展课程思政、帮助教师提升课程思政技能、创造教师开展课程思政条件，积极促进和保障教师开展课程思政，也要通过定期考核和奖惩，对教师开展课程思政的过程和结果进行规范和评估。(1)考核评估机制：将教师开展课程思政情况纳入考核评估体系，制定考核评估指标，并在学校课程思政建设领导小组内成立课程思政教学评价小组负责考评工作。考核评估分事中考核评估和事后考核评估两种，事中考核评估侧重课程思政操作的规范性、课程思政项目进度和运作的阶段性检查，并及时纠正教师在开展课程思政过程中的不当之处，反馈改进。事后考核评估侧重对教师开展课程思政的效果进行评估，每学期组织一次课程思政评价活动，并要求考核人员形成考核评估报告。(2)奖惩机制：根据课程思政特点，制定明确具体的奖惩办法与标准，奖惩一定要严肃、分明。

“制度是我们改变世界的途径”③，它既具有约束功能，也具有使动功能，能够帮助我们推动事务的运作和目标的实现。“制度安排决定制度绩效”④，互相支撑、协同配合的制度机制体系是推动高校课程思政有序有效持续开展的必然要求。在这一制度机制体系中，激励和引导机制组合是促使高校教师开展课程思政的前提，保障和规范机制组合是对高校教师顺利开展课程思政的基本支撑，考核与奖惩机制组合是对高校教师推进课程思政的进一步保证，三个组合构成一个统一的整体，从高校课程思政开展的各个环节促进和保障高校教师积极地参与课程思政建设、顺利地开展课程思政教学、主动地推动课程思政创新发展、快捷地提高课程思政技能、规范地履行课程思政职

① 道格拉斯·诺斯.制度、制度变迁与经济绩效[M].杭行，译.上海：上海三联书店，2008：3.
② 肖香龙，朱珠.“大思政”格局下课程思政的探索与实践[J].思想理论教育导刊，2018年，第10期。
③ 卡罗尔·索尔坦.作为政治产品的制度[M]//薛晓源、陈家刚.全球化与新制度主义.北京：社会科学文献出版社，2004：281.
④ 杨光斌.制度变迁与国家治理——中国政治发展研究[M].北京：人民出版社，2006：35.

责，其核心在于激励、便利和保障教师积极、规范开展课程思政教学，其目标在于强化课程思政成效、提升高校立德树人水平。

四、结语

立德树人是“高校立身之本”①。高校课程思政建设不是短期行为，而是一项长期工作，需要着眼长远，推动可持续发展。这要求有持续的政策和健全的制度机制保障。良好的制度安排、健全的制度机制体系，不仅有助于高校课程思政建设的稳定有序推进，而且可以保障高校课程思政建设的规范化、协调化、整合化，既能使高校教师在推进课程思政时有基本的规范和标准可以遵循，也可以使高校各部门各院系有机协调，整合资源、协同配合、同向同行，提高建设效率、增强整体成效，使课程思政建设更好地持续发展、成效更快彰显。

参考文献

[1] 中央宣传部(国务院新闻办公室)，中央文献研究室，中国外文局.习近平谈治国理政[M].北京：外文出版社，2017.

[2] 高德毅，宗爱东.从思政课程到课程思政：从战略高度构建高校思想政治教育课程体系[J].中国高等教育，2017(1)：43-46.

[3] 胡洪彬.课程思政：从理论基础到制度构建[J].重庆高教研究，2019(1)：112-120.

① 习近平谈治国理政：第二卷，北京：外文出版社，2017：377.

浅论习近平关于中华优秀传统文化重要论述融入高校通识类课程的教学实践探索

孙益波

【摘要】 习近平总书记十分重视中华优秀传统文化的继承和发展，对于青年学子，他更是多次强调要学习优秀传统文化。他不但指出重要性，更是率先垂范。无论是治国理政、外交出访，还是考察学习，他总是能将中华优秀传统文化的精髓和马克思主义以及社会现状恰到好处地结合起来，给人以激励和启迪，彰显了我们的文化底蕴和自信，也表现出共产党人与时俱进的精神风貌。作为宣传党的各项方略阵地的高校，尤其应该将习近平总书记关于中华传统文化的有关论述运用到课堂中去，在新时代背景下激活传统文化课堂，达到立德树人的教育目标。

【关键词】 习近平关于中华优秀传统文化重要论述　通识课程　教学改革

党的十八大以来，习近平总书记十分重视中华优秀传统文化在当代社会的继承和发展，多次强调学习传统文化的重要性，并且他率先垂范，在很多重要场合引经据典，成为优秀传统文化的有力宣传者和推动者。高校是传播优秀文化的主阵地，在日常学习和生活中，在引用经典作品时，我们不仅熟悉和了解了古人的人生故事和灵魂思想，更在无形中增强了自身的文化认同和文化自信。2019 年 4 月 26 日，习近平总书记在北京出席第二届“一带一路”国际合作高峰论坛开幕式上说：“中国优秀传统文化的丰富哲学思想、人文精神、教化思想、道德理念等，可以为人们认识和改造世界提供有益启迪，可以为治国理政提供有益启示，也可以为道德建设提供有益启发。”因此，如何将习近平总书记关于中华优秀传统文化重要论述融入以传统文化为基本内容的通识课教学改革中，达到“以文化人”“课程思政”的目标，是当前一个重要的命题。

一、习近平关于中华优秀传统文化重要论述融入通识课教学改革的内容选择

习近平关于中华优秀传统文化重要论述是中华优秀传统文化在新时代中国的继承和发展，为高校通识课教学改革指明了方向，也提供了具体思路和内容。新的时代，经典应该续写。在通识课课堂上，笔者尝试从三个方面对习近平传统文化思想与优秀传统文化的三个关联点进行解读，以期贴近大学生学习生活的实际，回应他们的关切。

1. 历史传承："治国理政"与以史为鉴

文化是由某个群体内部产生而积累的一种精神力量。著名历史学家钱穆在《中国文化导论》中提出“文化就是国家民族的生命”的论点①。他认为中国文化“长期传统一线而下的，已经有了五千年的历史演进。就是说我们国家民族的生命已经绵延了五千年”。① 当今中国拥有 5 000 年文化历史，其文化沉淀必然是博大精深、醇厚深远的。以史为鉴，可以知得失。那些积淀在历史中的文化更是我们前进的重要参考。无论我们个体的哪个方面，都和这些传承至今的文化因素息息相关。不忘历史，才能开创未来。把中华优秀传统文化融入治国理政的理论和实践中，融入社会主义文化强国的建设之中，是以习近平同志为核心的党中央在治国理政上的显著特色之一。善于继承，才能勇于创新，党的十八大以来，党中央坚持为人民服务的立场，运用古

① 钱穆.中国文化史导论[M].北京：商务印书馆，2003.

为今用、洋为中用、双百方针的原则①，创造性地将古代政治家思想和马克思主义政党的执政实践相结合，将社会主义事业推向了新高度。

早在春秋战国时期，孔子就提出了以“仁”和“礼”为核心的儒家学说，其中“仁”字更是《论语》一书的核心，孔子对“仁”的解释多达数十种，但重视个体需求、个体特点，注重人与人的本性、差异性是其显著特点，简言之，孔子十分重视人民群众的个体发展。孟子更是提出了“仁政”学说，即“以民为本”的思想，甚至在《孟子》一书中，多次勾勒了实行仁政后的“蓝图”。由此观之，儒家学说能够成为中国几千年思想的主流，和它重视个体、重视人民的力量是分不开的。梳理《习近平用典》一书发现，习近平引用最多的是儒家经典名言，其中引用《论语》11 次，《礼记》6 次，《孟子》4 次，《荀子》3 次，《二程集》等儒学经典著作也被多次引用。

党的十八大以来，从治国理政的理论和实践看，习近平总书记的很多重要讲话包含了传承弘扬发展中华优秀传统文化的新思想新观点新论断，是新时代中国特色社会主义理论的有机组成部分。早在中央党校 2009 年春季开学典礼上，习近平就指出：“传统文化中的许多优秀文化典籍蕴涵着做人做事和治国理政的大道理……领导干部多读优秀传统文化书籍，经常接受优秀传统文化熏陶，可以提高人文素养，增强对人与人、人与社会、人与自然关系的认识和把握能力，正确处理义与利、己与他、权与民、物质享乐与精神享受等重要关系。”②

以史为鉴是中国共产党的优良传统。中国共产党诞生于激烈批判传统的新文化运动时期。党的十九大报告指出，中国共产党自成立之日起，就既是中国先进文化的积极引领者和践行者，又是中华优秀传统文化的忠实传承者和弘扬者。这就从整体上概括了中国共产党对待传统文化的科学态度。

① 徐拥军，熊文景.习近平文化观的四个重要维度[J].广西师范学院学报（哲学社会科学版），2019(1)：16-20。

② 朱康有.治国理政的重要思想文化资源，人民网，2018 年 4 月 18 日。

这一点从我们党的历届领导人以及很多中央文件的论述中可以得到印证。还有观点把源于西方文明的、作为我党指导思想的马克思主义与中华传统文化简单对立起来。对此，习近平指出，马克思主义进入中国，既引发了中华文明深刻变革，也经历了一个逐步中国化的过程。“中华优秀传统文化是发展当代中国马克思主义的丰厚滋养”，它有利于巩固马克思主义在意识形态领域的指导地位，有利于建构“21 世纪的马克思主义”。“坚守中华文化立场”被庄严地写进了党的十九大报告中。

青年学生大多对社会政治关注度较高，教师有必要在大学课堂里把执政党的执政理念和方略讲透彻、讲清楚。而中华优秀传统文化与国家治理体系和治理能力是息息相关的，“一个国家的治理体系和治理能力是与这个国家的历史传承和文化传统密切相关的”，在漫长的历史进程中，中华民族积累了丰富的治国理政经验。法治似乎代表现代的治理，德治好像纯粹是过去时代的产物——这种似是而非的观点占据了不少人的头脑。习近平指出，法律是成文的道德，道德是内心的法律；法安天下，德润人心。因此，在法律和道德之间并没有绝对的界线，甚或说它们是互相补充的。吸收外来法制思想，要考虑我们的法制文化背景。治国先治吏。近年来，对于高级干部中出现的腐败现象，国家一方面重典治疴，另一方面积极借鉴我国历史经验，加强廉政文化建设。习近平指出：“研究我国反腐倡廉历史，了解我国古代廉政文化，考察我国历史上反腐倡廉的成败得失，可以给人以深刻启迪，有利于我们运用历史智慧推进反腐倡廉建设。”①因为我们认识到，廉政建设只有注入文化的基因之后，才会赢得持久的生命力；用文化养出的廉，才是内化于心、固化为魂、外化于行的自觉的廉。“增强党自我净化、自我完善、自我革新、自我提高能力”，执政党这种以“自”为内容的文化建设，实际上也是对中华优秀传统文化管理和修身等思想的采纳、汲取、融汇。

---

① 强卫.培育科学思维　提高执政能力——深刻领会习近平同志关于治国理政思维的重要讲话精神[N].人民日报，2013-08-15.

2. 文学人生:“平语近人”与优秀诗篇

习近平总书记在各种场合引用的古典诗词、名人名言成为人们热议的焦点。央视播出《平“语”近人——习近平总书记用典》后,引起了知识界的热烈反响。古典诗词是中华优秀传统文化的组成部分,深受高校师生的喜爱。每一个中国人的一生,无论受教育程度的高低,可以说都是伴随着古典诗词成长的。古典诗词,不是空洞的理论,而是用文学艺术的形式表现了古人生活的方方面面,既体现了中国语言文字的美,又体现了中华民族的审美情趣和精神世界。每一次的诵读和引用,都让我们走近古人,于无形中传承着中华文化。

包括古典诗词在内的中华优秀传统文化蕴涵着审美情趣、民族精神、人生哲理等,经历了历史长河的大浪淘沙,历久弥新,光彩夺目,是圣贤先哲留给我们的无形财富和精神食粮,已成为一种长效的民族素养滋养剂,永远值得我们去好好继承,并使之发扬光大。习近平总书记就是一位传承中华优秀传统文化的践行者,不管是在国际会议上,还是在国内各种会议上,都能听到习近平总书记引经据典,在他身上我们能深刻地感受到中华优秀传统文化的魅力与芬芳。“不学诗,无以言。”古典诗词造就了中国文化,也造就了中国的人文气质,否定古典诗词,就等于否定中华民族的思想文化体系,就等于割断了自己的精神命脉。古典诗词是中华民族精神的集中体现,其内涵是多方面多层次的。习近平总书记吟诵的那些古典诗词,都是经历过时代检验,读来历久弥新的名言警句。在高校课堂上,这些古典诗词不仅能给人以明快的、直接的审美感受,也蕴含着一个个充满中国式人情味的中国故事。在全球化时代,讲好中国故事,传播中华优秀传统文化是每一名当代中国人本身被赋予的使命和义务。

究其根本,习近平所引用的古典诗词,都有一个共同特点,都是能够表现普通人情感和思想的诗篇和语句,这再次体现了共产党人的人民立场。“能不能搞出优秀作品,最根本的决定于是否能为人民抒写、为人民抒情、为人民抒怀。”[①]在2019年新春团拜会上，习近平总书记引用唐诗来表达美好祝愿：“共欢新故岁，迎送一宵中。”这既表达了美好祝愿，又彰显了艺术之美，这样的实例不胜枚举。如何使自己成长为一名有内涵、有文化的人，习近平总书记给青年学子作了表率。榜样的力量是无穷的，在通识课课堂上，教师更应该将这些例子适时地、巧妙地解读给学生，达到“以德服人”、润物细无声的目的。

中国传统文化倡导群体本位的价值观，“家国情怀”显得尤为突出。古典诗词蕴含的文化意义和人格精神，符合当前的社会主义核心价值观。南宋诗人陆游、文天祥，他们的中国梦是统一中国。“王师北定中原日，家祭无忘告乃翁”（陆游《示儿》），“人生自古谁无死，留取丹青照汗青”（文天祥《过零丁洋》），这些诗句都成了千古名句，投射出中华民族不屈不挠、勇于奉献的高贵品格。诗圣杜甫的“百年多病独登台”，诗仙李白的“欲上青天揽明月”是将个体置于时代的洪流中郁郁不得志的强烈控诉，这些诗句流传至今，面对当今中国的国际国内形势，每一句都有着现实意义，每一句都可以得到共鸣。时代穿越了千年，而中华民族的精神却是始终延续的、相通的。古典诗词折射出了中华民族几千年来独特的民族精神和人格智慧。因此，古典诗词是中华传统文化中的璀璨明珠，是社会主义核心价值观的重要载体和鲜活实例。在通识教育的课堂上，我们应结合习近平总书记的吟诵，深挖古典诗词的艺术之美和人格之美，以达到以诗育人，以文化人的目的。

3. 中国智慧：“人类命运共同体”和天下大同

2017年1月18日，习近平在日内瓦万国宫出席“共商共筑人类命运共同体”高级别会议，并发表题为“共同构建人类命运共同体”的主旨演讲，向世界阐释了“构建人类命运共同体，实现共赢共享”的重大国际倡议。习近平在党的十九大报告中提出，坚持和平发展道路，推动构建人类命运共同体。人类

① 习近平.在文艺工作座谈会上的讲话[M].北京：人民出版社，2015.

命运共同体意识超越种族、文化、国家与意识形态的界限，为思考人类未来提供了全新的视角，为推动世界和平发展给出了一个理性可行的行动方案。世界各国只有相互尊重、平等相待，合作共赢、共同发展，实现共同、综合、合作、可持续的安全，坚持不同文明兼容并蓄、交流互鉴，承载着全人类共同命运的"地球号"才能乘风破浪，平稳前行。"人类命运共同体"的提出，将中华民族优秀传统文化的内核和马克思主义哲学关于人类社会发展的一般规律进行了有机统一，是中西哲人思想的一次完美融合。

早在几千年前，中国的《礼记》里就有这样的记载："大道之行也，天下为公，选贤与能，讲信修睦。故人不独亲其亲，不独子其子，使老有所终，壮有所用，幼有所长，鳏寡孤独废疾者皆有所养，男有分，女有归。货恶其弃于地也，不必藏于已；力恶其不出于身也，不必为已。是故谋闭而不兴，盗窃乱贼而不作，故外户而不闭。是谓大同。"①这段话中的"大同"是中国古代哲人思想，指人类最终可达到的理想世界，代表着人类对未来社会的美好憧憬。基本特征即为人人友爱互助，家家安居乐业，没有差异，没有战争。这种状态称为"世界大同"，此种世界又称"大同世界"。到了现代社会，又加入了全球范围内政治、经济、科技、文化融合的思想。尽管大同思想为中国思想，但西方的乌托邦，以及现代的共产主义、地球村这些思想也与大同在许多地方有着极多的相似之处。"天下为公"、世界"大同"，这是千百年来中国人民为之不懈奋斗的理想和信念，也可以说，这是中华优秀文化传统对全球化和人类社会发展规律本质内涵的最早赋予。所谓"大同"，就是指生产资料共有，人们之间没有等级差别，没有剥削压迫，平等和睦相处，各有所得所乐。这和我们常说的"共产主义理想"有共同之处。如果课堂上进行古今中外对比，必定会受到学生的认可。因此，传播中华优秀传统文化要找到其与马克思主义哲学共同的立足点和对接处，才能有生命力、影响力。中华优秀传统文化，既是我们

① 出自《四书》，上海古籍出版社，1999 年 7 月版，第 3 页。

文化的基因、精神的基因，也是精神的标识、丰厚的滋养。其中的丰富思想道德资源，更是涵养社会主义核心价值观的重要源泉。突出强调道德价值的作用，尤其是传统美德的功能，打通了民族文化的精神命脉，亦为抽象价值观的落地提供了实践操作的着力处。

中华优秀传统文化与中国特色社会主义文化有着千丝万缕的内在联系。文化软实力强，对内就有凝聚力，对外就有吸引力。为什么习近平总书记讲中华优秀传统文化是中华民族的突出优势，是我们最深厚的文化软实力？理解这一重要论述，无论对内还是对外的意义都很重大。习近平总书记反复强调对历史的学习以及形成历史思维能力的重要性。这就克服了那种断裂式思维方式，把我们今天的道路同历史整体贯通起来。党的十九大报告强调："中国特色社会主义文化，源自中华民族五千多年文明历史所孕育的中华优秀传统文化。"调查显示，大多数外国人非常愿意了解中华传统文化，说明它在世界上具有广泛影响力。由于社会主义及马克思主义意识形态源于并成长于西方文化的对立因素和长期围攻之中，因此，今后很长一段时期，我国对外文化战略要以"悠久历史文明古国"的身份取得世界理解、消除误解和偏见，进而建构文化世界中的中国正面形象。经济、军事乃至科技等硬实力可以快速增长和恢复，可文化软实力不是那么快就能见效，没有断流的五千年文化潜力巨大，为文化资源大国变为文化产业大国，实现文化强国提供了坚实的保障。

二、习近平关于中华优秀传统文化重要论述融入通识课教学改革的实践路径

当前，中国特色社会主义已经进入了新时代，面对全球经济发展得越来越快，面对大众文化和自媒体、新媒介的出现，古老的中华优秀传统文化如何与青年学生的学习、生活和人生道路紧密结合并深入人心，是我们必须要面

对的重要课题。

1. 将教学改革背景与新时代新思想相结合

中国特色社会主义进入了新时代。“新时代”的背景应该包含国家的各个层面，中华优秀传统文化的继承和发展也应该结合新时代背景推陈出新。

中华优秀传统文化是中华民族几千年的“根”与“魂”，新时代的高校课堂应该继承这些“根”与“魂”。中华优秀传统文化博大精深，学习和掌握其中的各种思想精华，对青年树立正确的世界观、人生观、价值观很有益处。2016年版的《习近平总书记系列重要讲话读本》中指出：“大力宣传中华民族的优秀文化和光荣历史……引导人们树立和坚持正确的历史观、民族观、国家观、文化观。”党的十九大报告再次重申了这“四观”。综合起来，将优秀传统文化提到了“八观”的高度，实质就是确立中华民族精神世界、精神家园的“根”与“魂”。我们党历代领导人的中华文化“底子”都很深厚，但从这样一个“站位”去论述中华民族优秀传统文化的还是第一次，必须给予高度的关注和评价。

党的十八大以来，中国的经济建设取得了巨大成就。目前经济总量已居世界第二位，且常年保持高位增长。中国已经成为地球经济的引擎和助推器，越来越多的国家和中国展开合作。这种合作不仅仅是经济上的贸易往来，也包括文化交流。物质决定意识，经济基础决定上层建筑，一个强大的中国必然会和其他国家的人民频繁互动。所以，今后的中国，文化交流、文化输出显得尤为重要。

新时代背景下的高校课堂，要自觉融入新思想。要将习近平总书记有关中华优秀传统文化的论述渗透到课堂教学中去。既要以历史的深度讲述传统文化，又要以现实的高度理解传统文化，做到古代和现代的有机结合。习近平总书记的论述关系到传统文化的方方面面，教师只有首先熟练把握其丰富内涵，才能在课堂上信手拈来，而不是死记硬背、生搬硬套，让传统文化变成新的教条主义。

习近平指出：“我们要善于把弘扬优秀传统文化和发展现实文化有机统

一起来，紧密结合起来，在继承中发展，在发展中继承。”“要坚持古为今用、以古鉴今，坚持有鉴别的对待、有扬弃的继承，而不能搞厚古薄今、以古非今，努力实现传统文化的创造性转化、创新性发展，使之与现实文化相融相通，共同服务以文化人的时代任务。”①可见，传承中华文化，不是简单复古，也不是盲目排外，而是古为今用、洋为中用，辩证取舍、推陈出新，摒弃消极因素，继承积极思想，“以古人之规矩，开自己之生面”，实现中华文化的创造性转化和创新性发展。习近平总书记鲜明提出了“创造性转化、创新性发展”的重要原则，成为我们党对待中华优秀传统文化的基本方针。“创造性转化、创新性发展”，蕴含着继承发展、扬弃创新的思想方法，体现了我们党高度的文化自信。

我们要加强对中华优秀传统文化的挖掘和阐发，使中华民族最基本的文化基因与当代文化相适应，与现代社会相协调，把跨越时空、超越国界、富有永恒魅力、具有当代价值的文化精神弘扬起来，把继承优秀传统文化又弘扬时代精神、立足本国又面向世界的当代中国文化创新成果传播出去。只要中华民族一代接着一代追求美好崇高的道德境界，我们的民族就永远充满希望。

2. 将教学改革目标与文化自信相结合

“文化自信，是更基础、更广泛、更深厚的自信。”②习近平总书记说他念念不忘的三件事之一，便是“五千年的优秀文化不要搞丢了”。数千年来，我国的完整和统一不只是靠政权和血缘等，主要靠文化的认同；文化安全是思想家、政治家长期关注的战略主题。向外来文化学习的同时，亦在积极改造创新，发展出新的文化流派。中华民族能够绵延几千年，以儒释道为主体的多元文化特征正说明了我们在文化上是兼收并蓄、海纳百川的。

在我国以人文伦理为特色的传统中，基于道德的价值判断占据十分重要

① 习近平在纪念孔子诞辰2565周年国际学术研讨会暨国际儒学联合会第五届会员大会开幕会上的讲话[N].人民日报，2014-09-25.

② 习近平在庆祝中国共产党成立95周年大会上的讲话[N].人民日报，2016-07-02.

的地位。反过来说，如果不坚持在我国大地上形成和发展起来的道德价值，我们的精神独立性（延伸至政治、思想、文化、制度等方面的独立性）就会被釜底抽薪。传承和发展中华优秀传统文化，不仅关乎国家文化安全的维护，也从整体上关乎国家安全，是社会主义文化强国的重大战略任务。“人民有信仰，民族有希望，国家有力量。实现中华民族伟大复兴的中国梦，物质财富要极大丰富，精神财富也要极大丰富”①，必须从“坚定文化自信、坚持和发展中国特色社会主义、实现中华民族伟大复兴”的高度去认识。当前我们提倡的社会主义核心价值观，实际上是传统文化在当代社会的价值标准的新发展。

青年学生处于个体成长的重要阶段，世界观、人生观、价值观尚在发展成熟阶段。大学生的基本素质包括思想道德素质、文化素质、专业素质和身体心理素质，其中文化素质是基础，大学生的文化素养是由文化知识、文化能力和文化态度构成的多层次统一体。文化知识的获取离不开对文化的认同，文化鉴别和创造能力的提高离不开对文化的自信，文化态度更是文化自信的题中之义，因而，大学生文化素养的培养离不开高度的文化自信。通过大学生文化自信教育引导他们形成科学的文化认识、正确的文化价值观和文化鉴别、创新能力，正是对大学生文化素养的全方位塑造和培养。在高校学生中开展文化自信建设工作，不仅仅是为了普及传统文化、增进大学生文化自信水平，更是在推进社会主义先进文化建设、提升国家软实力的大背景下对大学生传承、批判和创新文化的能力进行塑造的内在要求和必然选择。因此，课堂上的合理引导十分有必要。传统文化传承至今，出现了许多可歌可泣的人物。无论是居庙堂之高的士大夫，还是处江湖之远的闲散文人，他们的家国情怀、浩然正气等优秀品格既是中华民族可贵精神的写照，也是高校课堂最好的价值引导范例。历史和国家都是由一个个鲜活的个体所构成的，作为

① 习近平关于社会主义文化建设论述摘编[M].北京：中央文献出版社，2017.

华夏儿女，理所应当学习和继承这些精神。

3. 将教学改革过程与技术革新相结合

高等教育的特点之一就是不断进行技术革新，比如课堂，从纯粹的板书教学到多媒体的广泛使用，课程容量增大了多倍，有效节约了课堂教学时间。从学生学习的角度来看，新时代教学技术革命最突出的变化就是出现了“慕课”(Massive Open Online Course, MOOC)，作为近年来教育领域的一种针对大众的免费在线教学方式，其课程种类丰富、覆盖范围广、参与者众多，具有“大规模性”；其依赖网络信息技术、智能背景，面向全球提供全程开放的资源、环境和评价体系，这种基于“在线性”而形成的“开放性”模式又打破了教学的时空限制。

从历史进程看，中华优秀传统文化有着极强的适应性，无论是五四时期的彻底“反孔”，还是中华人民共和国成立之初汉字拉丁化的尝试，抑或是20世纪90年代电脑时代开始时世界对中国文化能否融入的怀疑，每一次面对新思想、新技术的质疑或是“否定”，传统文化总能迅速适应这些变化，一次次地赶上时代的潮流。面对在线课程的流行，传统文化课堂也要迎头赶上，探索在新的技术条件下的教与学。

2019年4月9日，北京首届中国慕课大会开幕，以“识变、应变、求变”为主题的本次大会关注提升教育质量、推进教育公平，以及慕课建设与成果应用，为推动教育现代化向纵深发展，建设学习型国家开辟了更为广阔的前景。作为一种新型教育模式，慕课不仅是传统教育形式、手段、过程的一种变革，更是对传统教育观念、内容、方法的深刻颠覆。这种颠覆对于一直保持着传统教学模式的传统文化课程来说，挑战更甚。今后，网络技术对教育的影响将会进一步加大，甚至会推动整个教育的巨大变革。慕课课程给传统文化所带来的是挑战，而不仅是课程的变化。这种方法打破了人们头脑中挥之不去的教师效能与学生成果评价的教学神话，而代之以基于证据的、现代的、数据驱动的教育方法论，这种变化会带来教育的根本性变革。

慕课对高校传统的教学模式的影响还将进一步加剧，且将对整个高等教育产生重要影响。首先，对于传统文化课程来说，系统性的学习被“碎片化”的学习取而代之，是否会影响知识体系的完整性。其次，在线学习只需要借助网络终端即可进行，且随时随地，学生们从课堂到了课外的任何地方，是否会影响教学效果。传统文化课程，除了知识的传授之外，还有面对面的情感交流。仅靠观看视频学习，是否会影响这种情感交流。如果有影响，用什么方式可以弥补？再次，教师通过网络讲授课堂知识后，面对成千上万的学生，如何对学生进行评判？如果选课量大，那考试题型就不得不只出客观题，而传统文化课程往往没有一个非常标准的答案。这些问题横亘在新时代的教师面前，亟待探索和解决。

经过几年的实践，我们发现，网络课程作为在线课程的新模式，其最显著的特点是以学习者为中心，教师作为协调者给予学生视频、文本形式的引导，进行 24 小时不间断授课和反馈。从这个特征来看，传统文化课程可以借助技术手段做到学生随时随地接收到课堂知识，突破了时空限制，在传播文化方面还是非常值得推广的。对于课堂面对面的交流问题，某些课程现在采取了混合式教学，即在线视频和见面课相结合的方式，在教学组织模式上进行了有效尝试。

纵观国内几大慕课平台，可以发现，以传统文化为主要内容的通识类课程还相对较少，而这类课程一旦开出，选课学校和人数都会居高不下。可见，高校和大学生对此类课程的需求量是巨大的。因此，高校和教师应转变思路，主动学习新技术，改变过去单一的课堂模式，积极进行慕课的制作和资源共享，求同存异，互相学习，并积极参与和学生的互动，真正做到教学相长、互相促进，达到“以学生为中心，以教师为主体，以公平为要”的实际成效，引领新时代教育改革的新局面，将中华优秀传统文化的教学推进新时代。

三、结语

党的十九大报告指出，要“深入挖掘中华优秀传统文化蕴含的思想观念、人文精神、道德规范，结合时代要求基础创新，让中华文化展现出永久魅力和时代风采”①，所以，高校通识课教育改革应以传统文化为底蕴，习近平传统文化思想为指导，将二者有机结合起来，做到以教师为主体，以学生为中心，以技术为手段，不断探索新方法新路径，增强文化自信，迎接中华民族的伟大复兴。

参考文献

[1] 中共中央宣传部.习近平总书记系列重要讲话读本[M].北京：中央文献出版社，2014.

[2] 夏华.国学概说[M]，北京：北京航空航天大学出版社，2007.

[3] 周晓华.美国高校开放在线课程的发展过程研究[D].广州：华南理工大学，2013.

[4] 袁松鹤，刘选.中国大学 MOOC 实践现状及共有问题[J].现代远程教育研究，2014(4)：3-12.

[5] 赵明仁，肖云.民族伟大复兴要以中华文化发展繁荣为条件[N]，光明日报，2013-12-04.

[6] 国务院新闻办公室，中央文献研究室.习近平谈治国理政[M].北京：外文出版社，2014.

[7] 王丽华.美国“慕课”的新发展及对中国的启示——基于对斯隆联盟系列调查评估报告的解读[J].高校教育管理，2014(5)：34-40.

① 权威发布：党的十九大报告全文，人民网，2018 年 3 月 13 日。

创新创业课程的课程思政内涵研究

——以"企业经营哲学"课程为例

吴正勇

【摘要】 创新创业教育是我国高校教学工作和人才培养计划中的重要一环。落实创新创业课程的课程思政教育，要求高校教师在创新创业课程教学过程中有意识、有计划和有目的地设计教学环节和教学内容，营造教育氛围，以间接内隐的方式将思想政治教育内容有机融入教学过程。"企业经营哲学"课程在教学章节中，将学习贯彻习近平新时代中国特色社会主义思想、坚持和完善党的领导、增强"四个自信"、倡导爱国主义，以及主动承担社会责任等与提升中国企业国际竞争力相结合，培育企业家精神，顺利实现"立德树人"的教育教学目标。

【关键词】 创新　创业　课程思政　企业家精神

2019年9月12日，财经作家崔传刚在人民网发表《人民财评：没有所谓的马云时代，只有时代中的马云》，文中用亨利·福特成功引进流水线和保时捷创始人波尔舍100多年前就试图造出电动汽车结果失败正反两个方面的事例说明，一家企业的成功，既需要优秀领导者的努力，也需要依托于伟大的时代背景。在中国共产党领导下，坚持和发展中国特色社会主义，为中国企业的创立和发展提供了根本的制度条件和优越的资源条件。在创新创业课程中融入课程思政内涵，既有助于润物细无声地增强大学生的"四个自信"，又能帮助大学生在百年未有之大变局中发现和把握时代机遇，用创新创业的思维创建企业和改善企业经营管理。

一、深入推进创新创业课程的课程思政教育

实践性是马克思主义哲学的基本特征，与时俱进是马克思主义的理论品质。思想政治教育想要入耳、入脑、入心，从教学方法角度，需要始终做到理论联系实际，避免成为“心灵鸡汤”式的空洞的理论说教。大学生专业知识和技能的学习与运用，不能仅停留在“术”的层面，还要上升到“道”的层面，需要马克思主义价值观的引领和方法论的指导。课程思政就是要求高校教师用好课堂教学这个主渠道，在专业课中充分挖掘思想政治理论内容，有机渗透思想政治理论，“春风化雨，润物无声”，构建全员、全程、全课程育人格局，“使各类课程与思想政治理论课同向同行，形成协同效应”①，把“立德树人”作为教育的根本任务的一种综合教育理念。

创新创业教育是我国高校教学工作和人才培养计划中的重要一环。大学生是我国创新创业的重要群体。高校创新创业课程理应成为实施课程思政教育的重要载体。《教育部办公厅关于做好2018年深化创新创业教育改革示范高校建设工作的通知》(教高厅函〔2018〕20号)要求：“深入推进创新创业教育与专业教育、思想政治教育、职业道德教育紧密结合，深层次融入人才培养全过程。全力打造一批创新创业教育优质课程。”2019年8月，教育部办公厅发布《关于公布2019年度全国创新创业典型经验高校名单的通知》(教学厅函〔2019〕38号)，上海对外经贸大学创新创业工作获得教育部认可，获批2019年度全国创新创业典型经验高校，成为2019年度上海唯一一所入选的省属本科高校，这说明上海对外经贸大学在指导大学生创新创业工作方面积累了一定的经验，取得了一定的成果。

① 习近平.把思想政治工作贯穿教育教学全过程　开创我国高等教育事业发展新局面[N].人民日报，2016-12-09.

创新创业的专业知识自然存在于高校经济、金融、贸易、管理等各专业课程中。换言之，高校各门专业课程对学生将来的就业、创新和创业都有帮助。但是，高校专业的分门别类，使得学生主要偏重于某一专业知识的学习。例如，理工类学生主要偏重于物理、化学、生物、工程、天文、数学等知识的学习和综合运用；语言类学生主要偏重于语言和文学等知识的学习；艺术类学生主要偏重于艺术专业知识和技能的学习等。这些专业的学生往往对企业经营和管理、经济、金融等知识缺乏起码的认知。所以，高校应特别注重为哲学、法学、教育学、文学、历史学、理学、工学、农学、医学、军事学和艺术学等学生开设创新创业通识选修课。即便是经济学、金融学、国际贸易、工商管理、市场营销、物流管理等专业的学生，高校教师也应开设专门的创新创业课程，以大学生创新创业实践项目为依托，提高学生对创新创业知识的综合运用能力。

上海对外经贸大学“企业经营哲学”课程作为一门全校通识教育课和综合素养课，指导大学生跨学科综合运用企业经营相关专业课知识，理解企业经营方面可能涉及的其他相关专业知识，培育创新创业意识，提高创新创业素养，帮助和扶持大学生把创新创业梦想转变为行动和实践，培养大学生企业经营和商务实战的能力。企业经营是一项系统工程，不但要满足顾客需求，而且要从企业竞争优势的高度思考如何战胜竞争对手，这才是决胜商场的关键。“企业经营哲学”课程从指导大学生思考构建创新创业项目竞争优势的角度出发，跨学科综合运用企业战略管理、市场营销、企业核心竞争力、品牌管理、财务管理、生产管理、物流管理、企业资源计划、人力资源管理、企业文化、绩效评估与管理等专业课知识内容，激发大学生的问题意识，从而促使大学生理解和学习专业课知识。

“企业经营哲学”课程作为创新创业课，指导学生理解企业直面市场竞争进行创新的重要性，掌握企业经营创新既是一项系统工程，又可以在某一创新方面取得重点突破，建立本企业的竞争优势。本课程以创新创业为核心内容，通过经典案例阐述，提出并讲解中国企业最薄弱的环节是经营，而不是企业内部管理，企业最紧缺的能力是创新，要从“观念创新、使命创新、战略创新、商业模式创新、资本运营创新、核心技术创新、产品创新、服务创新、品牌创新、销售渠道创新”等方面提高中国企业创新经营能力。

在高校的创新创业课程教学中，高校教师可能都偏重专业知识的讲授，而容易忽视专业课程与思想政治教育内容的联系，或者仅仅以马克思主义价值观和方法论作为专业知识点的评价和点缀。教师如果不对教学内容进行有意识的精心设计，很难将专业知识与思想政治教育内容进行内在的有机结合。所以，充分挖掘创新创业课程的思想政治教育内容，对于有效落实课程思政教育要求，具有重要的普遍指导意义。“企业经营哲学”作为课程思政课程，旨在推动思想政治教育与创新创业教育的紧密结合，把思想政治工作贯穿创新创业教育教学全过程，努力造就有理想、有本领、有担当，且敢闯会创的大学生，努力培养堪当时代大任的高校卓越人才。本课程研究企业生存和发展的一般规律和根本规律，将习近平新时代中国特色社会主义思想、中华优秀传统文化、社会主义核心价值体系和社会主义核心价值观融入中国企业经营管理，提升中国企业国际竞争力。“企业经营哲学”从方法论角度看，是企业特有的从事生产经营和管理活动的方法论原则，是指导企业行为的基础。企业在激烈的市场竞争环境中面临着各种矛盾和多种选择，要求企业有一个科学的方法论来指导，有一套逻辑思维的程序来决定自己的行为，这就是经营哲学。“企业经营哲学”从价值观角度看，主要是企业的理想、信念、人本观、价值观。在企业文化系统中，企业经营哲学居于其深层结构，主导并制约着企业文化其他要素的发展方向，决定着企业的生存观、发展观、效益观。本课程着重从企业愿景、企业使命、企业核心价值观、企业文化、企业家精神等方面，提高大学生的思想道德素质，培养大学生的企业家精神和社会责任感。

二、创新创业课程的课程思政内涵

高校各门创新创业课程因为课程内容和教师专业背景的不同，涉及的思想政治教育内容会有所不同。本文以“企业经营哲学”课程为例，具体说明如何在创新创业课程中有机融入思想政治教育内容，实现创新创业课程的课程思政教育目的。“企业经营哲学”课程共有八章内容，每章都可以融入一个或多个课程思政内容主题。

1. 讲授我国创新创业经济社会背景，深刻认识中国共产党的奋斗历程和伟大历史贡献

“企业经营哲学”课程的第一章，讲述了在中国共产党领导下，坚持和发展中国特色社会主义是中国模式、中国道路取得成功的根本原因，为我国企业创新创业提供根本制度前提和优越的资源条件。在半殖民地半封建社会的旧中国，民族资本家深受帝国主义和本国封建势力的双重压迫，在夹缝中求生存，想要创业发展举步维艰。中华人民共和国的成立和社会主义基本制度的确立，为当代中国一切发展进步奠定了根本政治前提和制度基础，为中国发展富强、中国人民生活富裕奠定了坚实基础，实现了中华民族由不断衰落到根本扭转命运、持续走向繁荣富强的伟大飞跃[1]。1978 年以来，改革开放改变了我国经济社会贫穷落后的局面。面对党的十八大以来经济社会发展的一系列新情况、新问题，形成的习近平新时代中国特色社会主义思想，指引着我国社会主义建设。中国特色社会主义不断取得的重大成就，意味着近代以来久经磨难的中华民族在共产党的领导下实现了从站起来、富起来到强起来的历史性飞跃。

关于我国社会主义市场经济体制的建立和完善，我们党和政府毫不动摇地巩固和发展公有制经济，毫不动摇地鼓励、支持、引导非公有制经济发展，充分发挥市场在资源配置中的决定性作用，更好发挥政府作用，激发各类市

场主体活力，为我国民营经济的发展提供了制度保证。在中国的经济版图中，民营经济贡献一半以上的税收、六成以上的 GDP、七成以上的技术创新成果、八成以上的城镇劳动就业、九成以上的企业数量。正是因为我党和政府不断打造最适合民营企业成长的制度环境和资源环境，大学生创新创业才迎来了最好的时代。

2. 讲授我国当前创新创业经济社会发展环境，深刻理解中国化马克思主义、习近平新时代中国特色社会主义思想

“企业经营哲学”课程的第二章，讲述我国当前经济面临的形势，主要任务和我国企业当下面临的时代使命。我国 GDP 增速从 2012 年起开始回落，经济呈现新常态，从高速增长转为中高速增长。党和政府及时从我国经济发展的阶段性特征出发，适应经济发展新常态，创新宏观调控思路和方式，破解发展难题。2015 年 10 月 29 日，习近平总书记在党的十八届五中全会第二次全体会议上的讲话鲜明提出了创新、协调、绿色、开放、共享的五大新发展理念。新发展理念是习近平新时代中国特色社会主义思想的重要内容。新发展理念符合我国国情，顺应时代要求，对破解发展难题、增强发展动力、厚植发展优势具有重大指导意义。2017 年 10 月 18 日，习近平总书记进一步强调，要贯彻新发展理念，建设现代化经济体系。习近平总书记指出，我国经济已由高速增长阶段转向高质量发展阶段，正处在转变发展方式、优化经济结构、转换增长动力的攻关期，建设现代化经济体系是跨越关口的迫切要求和我国发展的战略目标，必须坚持质量第一、效益优先，以供给侧结构性改革为主线，推动经济发展质量变革、效率变革、动力变革，提高全要素生产率，着力加快建设实体经济、科技创新、现代金融、人力资源协同发展的产业体系，着力构建市场机制有效、微观主体有活力、宏观调控有度的经济体制，不断增强我国经济创新力和竞争力。

在新发展理念中，创新是引领发展的第一动力，是建设现代化经济体系的战略支撑，也是实现高质量发展的必由路径。2015 年，李克强总理在政府

工作报告中提出“大众创业，万众创新”。正是在习近平新时代中国特色社会主义思想的指引下，近年来，我国大众创业，万众创新热潮不断兴起。“大众创业，万众创新”为扩大就业、增加居民收入、促进社会纵向流动和公平正义，为促进经济增长、提高劳动生产率和全要素生产率提供了有力支撑。

3. 讲授当前创新创业国际贸易竞争环境，激发大学生的爱国主义精神，培育大学生的社会责任感和使命感

“企业经营哲学”课程的第三章，结合习近平百年未有之大变局和对外开放思想，讲述我国企业应以华为公司为榜样，通过自主创新提升国际竞争力。在中国成为世界第二经济体，正在进行经济结构调整和产业结构升级的关键期，美国政府单方面升级贸易摩擦，试图以此来遏制中国发展。美国财政部将中国列为所谓的“汇率操纵国”。美国对中国发起的 301 调查，是以美国国内贸易法来肆意破坏 WTO 等国际贸易规则。美国对中国已征收和威胁征收的惩罚性关税已经几乎涉及中国全部出口到美国的商品。美国政府将国家安全问题泛化，2021 年 6 月将华为、中芯国际、中国航天科技集团等 59 家中国企业列入投资黑名单，禁止美国人与这 59 家公司进行投资交易，以此打压中国高科技企业。美国前总统特朗普“美国优先”的主张和单边主义外交的行径，以及美国总统拜登联合盟友一起围堵中国，不但让我们认清了帝国主义霸权外交的本质，而且倒逼中国企业自主创新，在核心技术方面不能再受制于人，激发了中华民族的爱国主义精神。一个国家的硬实力和文化软实力，在一定程度上需要通过自主创新和企业竞争力来体现。每一名具有爱国情怀的大学生都应主动担当起新时代创新创业的社会责任。

4. 讲授我国企业经营的使命，深刻理解社会主义核心价值体系的内容，坚定理想信念

“企业经营哲学”课程的第四章，结合社会主义核心价值体系内容，讲述我国企业经营的使命。社会主义核心价值体系包括四个方面的基本内容，即马克思主义指导思想、中国特色社会主义共同理想、以爱国主义为核心的民

族精神和以改革创新为核心的时代精神、社会主义荣辱观。马克思主义哲学是科学的世界观、方法论、价值观、历史观和人生观。西方哲学有三个特征：一是追究终极，二是逻辑反思，三是科学前瞻；中国哲学的特点是智慧。哲学对企业的价值观的引领：新时代企业面对的是市场集中度较高，市场机制完善，且商业道德成为一种生存准则的成熟市场，企业发展就要以客户为中心，多为客户创造价值。例如，华为公司的核心价值观有四条：①以客户为中心；②以奋斗者为本；③长期坚持艰苦奋斗；④坚持自我批判。哲学对企业的方法论的指导："企业经营哲学"课程注重商务实战，着力从企业战略高度，从如何持续不断地战胜竞争对手的角度，构建企业独特的商业模式，塑造企业独特的竞争优势。商场如战场，运用哲学的智慧、中国古代典籍中军事思想的辩证法、毛泽东的军事思想指导商业实战。华为总裁任正非在十多年前的中美蜜月状态时，就高瞻远瞩、居安思危、冷静思考，明确预测了随着企业的迅猛发展，必然会在某一个高度与美国发生对抗，并且开始为这种对抗安排资源与准备方法，还预想了渡过这种对抗以后如何与美国相处。

中国特色社会主义共同理想关系着大学生的理想信念。改革开放以来，正是在党的领导下，坚持走中国特色社会主义道路，我国社会主义建设取得了举世瞩目的成就。习近平总书记在党的十九大报告中强调，中国特色社会主义进入新时代，我国社会主要矛盾已经转化为人民日益增长的美好生活需要和不平衡不充分的发展之间的矛盾。满足人民日益增长的美好生活需要和解决不平衡不充分的发展问题，为大学生提供了新的创新创业领域和机会。另外，我国仍然处于社会主义初级阶段。以爱国主义为核心的民族精神和以改革创新为核心的时代精神将持续激励着大学生形成新的创新创业精神。社会主义荣辱观关系着大学生创新创业中的道德、法律取向和精神面貌。

5. 讲授企业经营的质量观和品牌建设策略，深刻理解社会主义核心价值观的要求

"企业经营哲学"课程的第五章，结合社会主义核心价值体系内容，讲述

企业经营的质量观和品牌建设策略。富强、民主、文明、和谐是国家层面的价值目标，自由、平等、公正、法治是社会层面的价值取向，爱国、敬业、诚信、友善是公民个人层面的价值准则，这 24 个字是社会主义核心价值观的基本内容。社会主义核心价值观结合大学生创新创业可以细化为爱国主义教育、诚信教育、法律意识教育、责任意识教育、工匠精神教育，以及团队合作精神教育等。在很多人的印象中，如今的日本产品往往等同于“优秀质量”。殊不知“东洋货”（日本货）曾经是“价廉质次”“假冒伪劣”的代名词。从 20 世纪 50 年代开始，日本瞄准了美国的创意，步步紧跟，无论是电脑、消费品，还是通信产品，均不例外。如此一来，大量“山寨”西方国家先进产品的商品在日本涌现，几乎覆盖了各个行业——汽车、家电、食品、服装、小商品、动画、漫画、影视、玩具……日本制造的改变源于世界著名的质量管理专家爱德华兹·戴明博士对日本工业振兴提出的以较低的价格和较好的质量占领市场的战略思想。韩国前总统朴正熙曾经鼓励韩国人逆向开发，也就是去“山寨”，去盗版。对于外国专利，韩国政府也持宽松的态度，鼓励“反向工程”并忽视专利产品的“盗版”。如今，韩国却转变为世界上最具“创意”的国家之一。我国改革开放初期，市场上也曾充斥着大量的山寨商品，但粗放型经济增长方式给资源、能源、环境造成巨大压力。现在，我国到了贯彻新发展理念、落实供给侧结构性改革、转变经济发展方式、产业结构优化升级的关键期，社会主义市场经济体制更加完善，全面依法治国有效推进，再继续搞山寨，走粗放型增长方式的老路，不但会遭受法律的严惩，而且会失去国内外市场。市场经济是法制经济，诚信是市场经济的基石。阿里巴巴前董事局主席马云回顾中国企业家群体的发展历程，并对企业家、商人、生意人做了区分：“生意人是有钱就要干，商人是有所为，而有所不为。企业家却要以家国利益为重，以未来利益为重，以社会利益为重。”大学生在创新创业中，更应该通过合作、合法经营、诚信经营、创新、品牌战略、优质高效的商品和服务，以及发展绿色经济等来赢得市场，振兴我国实体经济。

6. 激发大学生创新创业的主体能动性，树立正确的创新创业观，增强创业的心理调适能力

"企业经营哲学"课程的第六章第一节，结合习近平人民主体性思想，激发大学生创新创业的主体能动性。人民主体性思想和主体能动性思想是马克思主义哲学中的重要思想。党的十八大以来习近平总书记多次寄语广大青年学子，勉励大学生"自觉树立和践行社会主义核心价值观""勇做走在时代前面的奋进者、开拓者、奉献者""以青春梦想、用实际行动为实现中国梦作出新的更大贡献""以国家富强、人民幸福为己任，胸怀理想、志存高远"等等。我国政府在制定创新创业产业政策、科研经费投入、中小微企业融资扶持、税收优惠等诸多方面鼓励创新创业；从教育政策、创新创业训练项目和大学毕业生资金帮扶、政策优惠等方面指导和帮助大学生创新创业，增强了大学生对党和政府的热爱和信心。

"企业经营哲学"课程的第六章第二节，结合马克思主义实践观，激发大学生创新创业的实践精神。教师精心做好教学设计，在课堂教学过程中有意识地进行人生观、价值观的教育和引导，使大学生能够了解什么样的人生才是有意义的人生，要将所创之"业"与国家和社会紧密联系起来，实现自我价值的同时要更加注重社会价值。在课程教学过程中，教师教育学生避免走进创业认识的误区，如创业追求"高大上"；要启发学生对所创之"业"进行深入的思考和理解，真正树立"劳动没有高低贵贱之分，任何一份职业都很光荣"的思想；要在教学过程中注重对国家、社会目前发展趋势和有关政策的讲解，帮助学生树立世情、国情和社情意识，并善于从中发掘创业机会。

"企业经营哲学"课程的第六章第三节，结合马克思主义价值观，增强大学生创新创业的心理调适能力。在现如今社会，创业者无疑是压力最大的群体之一。有学者研究发现很多创业者存在失眠、焦虑、抑郁等症状，在创业的不同阶段都会面临很多的压力。因此，授课教师在教学过程中要针对创业所面临的困难，加强心理健康教育，帮助大学生树立起健康的心理，利用相关测

试工具充分让其了解自己的性格气质、职业能力等，认清自身优势；同时，要培养学生们的抗压、抗挫折能力，从而可以在真正创业时能及时调适心理，克服心理障碍。

7. 讲授企业科技创新和文化产业创新内涵，深化大学生对文化软实力和文化强国的理解

“企业经营哲学”课程的第七章，结合“文化软实力”和“文化强国”概念，讲述企业科技创新和文化产业创新内涵。习近平总书记要求围绕努力夯实国家文化软实力的根基、努力传播当代中国价值观念、努力展示中华文化独特魅力、努力提高国际话语权四个方面建设社会主义文化强国、提高国家文化软实力。2017 年，美国文化与娱乐产业产值 60 016 亿美元，占 GDP 比重 31%，占世界文化与娱乐产业产值的 43%。2018 年，我国文化产业增加值占 GDP 比重为 4.3%。创新型国家科技创新对 GDP 的贡献率达 70%以上，美国和德国甚至高达 80%，而中国现在科技创新对 GDP 的贡献率只有 40%左右。2018 年，中国在研发上投入的费用仅次于美国，再次排全球第二名，研发经费总量高达 1.96 万亿元人民币。这些数据说明，我国文化产业和科技创新相对于发达国家还有较大差距，但是我国近年来对科研经费的投入足以说明党和政府对创新的重视，以及由此给大学生创新创业带来的机遇。

8. 讲授企业经营策略，增强大学生的文化自信

“企业经营哲学”课程的第八章，结合弘扬我国优秀传统文化，讲授企业经营的方法、企业经营的产品策略、品牌策略，以及服务策略等。习近平总书记在庆祝中国共产党成立 95 周年大会上提出“四个自信”，即中国特色社会主义道路自信、理论自信、制度自信、文化自信。党的十八大以来，习近平总书记在多个场合谈到中华优秀传统文化，表达了自己对传统文化、传统思想价值体系的认同与尊崇。习近平强调：“中国有坚定的道路自信、理论自信、制度自信，其本质是建立在 5 000 多年文明传承基础上的文化自信。”[2] 创新不是无源之水、无本之木，所有现代知识都是在传统知识基础上进一步创新

创造而形成的。中华优秀传统文化有着深刻的思想和智慧，丰富的文化元素。事实上，外国也会到我国寻找素材，日本的诸多游戏、动漫，美国的许多好莱坞影片都会从我国传统文化中取材；我国许多生物医药资源都被国外企业免费拿去开发，然后以一种新的专利形式出现在国人面前。教师要引导学生将中国传统哲学中的“儒商”思想、《老子》中的辩证法和管理智慧、《孙子兵法》中的商战思想运用于现代商战过程中，让学生感受我国传统哲学的深邃思想。品牌的核心是文化。企业经营要学习国外的企业，运用现代资本、技术和市场的力量发掘中华优秀传统文化的元素，提高我国企业创新力和国际竞争能力，让学生发现我国传统文化之美，增强学生对中国特色社会主义的文化自信。

以上列举了创新创业课程思想政治教育的一些主要方面。总之，落实创新创业课程的思政教育要求高校教师在创新创业课程教学过程中有意识、有计划和有目的地设计教学环节和教学内容，营造教育氛围，以间接内隐的方式将思想政治教育内容有机融入教学过程，培育企业家精神，顺利实现“立德树人”的教育教学目标。

参考文献

[1] 习近平.决胜全面建成小康社会　夺取新时代中国特色社会主义伟大胜利——在中国共产党第十九次全国代表大会上的报告[M].北京：人民出版社，2017.

[2] 赵银平.文化自信——习近平提出的时代课题[EB/OL].(2016-08-05). http://www.xinhuanet.com/politics/2016-08/05/c_1119330939.htm.

我校开设“走近《资本论》”课程的教学思考

张耿庆

【摘要】《资本论》是马克思主义的“百科全书”。我校开设“走近《资本论》”课程，是响应习近平总书记“要把读马克思主义经典当作一种生活习惯、当作一种精神追求”的要求和满足学生需要的有效举措。主要内容包括：基于新时代历史方位和学校实际情况，明确课程定位；通过总目标和五个具体目标相结合体现培养目标；强调思政内涵和德育元素，突显课程育人铸魂的思政功能；借助七个方面的有机结合优化教学方法和教学手段；通过创新教学理念和考核方式更好发挥学生主动性。

【关键词】《资本论》　教学目标　教学方法

《资本论》是马克思倾注毕生心血研究资本主义生产方式以及和它相适应的生产关系和交换关系写成的科学巨著。它不仅是一部政治经济学巨著，也是一部哲学巨著，还是一部科学社会主义巨著，是马克思主义的“百科全书”。2017 年是马克思主义主要著作《资本论》第一卷发表 150 周年，2018 年是马克思诞辰 200 周年。全世界掀起了学习马克思主义经典著作、阅读马克思主义百科全书——《资本论》的热潮，特别是习近平总书记在纪念马克思诞辰 200 周年大会上的讲话指出：“要把读马克思主义经典当作一种生活习惯、当作一种精神追求。”[1]为了紧跟热潮，为了响应习近平总书记“要把读马克思主义经典当作一种生活习惯、当作一种精神追求”的要求，为了营造我校学生读马克思主义经典、悟马克思主义原理的浓厚氛围，并提升其学习效果，学校专门开设“走近《资本论》”这门课程。

一、课程定位与培养目标

该课程是面向我校全体学生开设的选修课，是马克思主义学院“一体四翼”课程体系中“中国系列”的新开课程，是全校通识课程。

本课程总目标旨在使学生学习马克思主义的立场、观点、方法，形成科学的世界观和方法论；培养学生阅读马克思主义原著、领悟马克思主义原理的自觉性和自信心，不断提高学生学习新知识的能力和水平；培养学生理论联系实际，不断发现问题、分析问题、解决问题的能力。具体教学目标可以概况为以下五个方面。

第一，坚定马克思主义基本立场。立场，是人们观察、认识和处理问题的立足点，决定了人们认识问题、解决问题时的价值取向。立场是观点和方法的前提和基础，立场不正确，观点和方法就一定会出问题。“走近《资本论》”作为一门马克思主义基础理论课，不仅要传播政治经济学理论知识，更肩负着马克思主义基本立场、观点和方法教育的重任。《资本论》作为“工人阶级的圣经”，其立场是工人阶级的立场、无产阶级的立场。习近平总书记提出的以人民为中心的思想跟马克思人民主体、人民至上的观点是一脉相承的。

第二，熟悉《资本论》的主要内容。《资本论》序言开宗明义其研究对象是“资本主义生产方式以及和它相适应的生产关系和交换关系”[2]，研究任务是“揭示现代社会的经济运动规律”。因此，要围绕《资本论》的研究对象和研究任务掌握其基本观点和主要内容。《资本论》的总观点是唯物史观，在唯物史观统领下，得出的资本主义是人类自然历史过程中的一个阶段、资本主义必然灭亡社会主义必然胜利的结论，是《资本论》的基本观点[3]。围绕这一基本观点建立多层次的丰富内容，包括：关于社会经济发展的一般原理，关于资本主义经济的基本原理，关于社会主义经济的理论，关于世界经济的理论，关于前资本主义经济形态的理论，关于经济发展的具体理论[4]。这些是我们学习《资本论》必须掌握的内容。

第三，了解《资本论》的体系结构。《资本论》内容丰富、逻辑严密、体系完整，马克思曾指出：“像我这样的著作中细节上的缺点是难免的。但是结构，即整个的内部联系是德国科学的辉煌成就。”①因此，《资本论》教学中要特别注重其体系结构以及各部分之间的内存逻辑，使学生充分了解《资本论》的理论框架和整体结构。

第四，掌握《资本论》的研究方法。《资本论》是一个方法论的宝库，恩格斯曾指出：“马克思的整个世界观不是教义，而是方法。它提供的不是现成的教条，而是进一步研究的出发点和供这种研究使用的方法。”②方法是服务于立场和观点的。唯物史观是马克思主义政治经济学的灵魂和精髓。在唯物史观的统领下，马克思运用具体分析方法诸如对立统一规律、质量互变规律、否定之否定规律等剖析了资本主义社会的各种经济现象；运用科学抽象法揭示了经济现象背后的本质以及数学分析法、逻辑与历史相统一的方法等，这些方法可以转化为学生的一种思维能力，并指导将来的学术研究。

第五，发挥课程思政育人功能。《资本论》不仅是一部科学巨著，还是一部思想政治教育的生动教材。比如关于“劳动力商品”的本质，书中指出：“劳动力的买和卖是在流通领域或商品交换领域的界限以内进行的，这个领域确实是天赋人权的真正乐园。那里占统治地位的只是自由、平等……一离开这个简单流通领域或商品交换领域……就会看到，我们的剧中人的面貌已经起了某些变化。原来的货币所有者成了资本家，昂首前行；劳动力所有者成了他的工人，尾随于后。一个笑容满面，雄心勃勃；一个战战兢兢，畏缩不前，像在市场上出卖了自己的皮一样，只有一个前途——让人家来鞣。”③这种栩栩

① 马克思，恩格斯.马克思恩格斯文集：第 9 卷[M].北京：人民出版社，2009：236.
② 马克思，恩格斯.马克思恩格斯文集：第 10 卷[M].北京：人民出版社，2009：691.
③ 马克思，恩格斯.马克思恩格斯文集：第 15 卷[M].北京：人民出版社，2009：204-205.

如生、入木三分的语言深刻揭示了资本主义劳动力市场上表面平等所掩盖的资本主义民主、自由、平等的虚伪性和局限性。又如，马克思的经济危机理论所揭示的经济危机是资本主义的不可克服矛盾的基本观点，对坚定中国特色社会主义“四个自信”起到了强大的思想教育功能。这正是运用《资本论》原著进行思想政治教育的魅力。

二、思政内涵与德育元素

1867 年问世的《资本论》是马克思主义最厚重、最丰富的著作，被誉为“工人阶级的圣经”。2012 年 6 月 19 日，习近平总书记在中国人民大学《资本论》教学与研究中心考察时指出：“《资本论》作为最重要的马克思主义经典著作之一，经受了时间和实践的检验，始终闪耀着真理的光芒。”2016 年 5 月 17 日，习近平总书记在哲学社会科学工作座谈会上指出：“有人说，马克思主义政治经济学过时了，《资本论》过时了。这个说法是武断的。”[5]2018 年 5 月 4 日，习近平总书记在纪念马克思诞辰 200 周年大会上指出：“马克思给我们留下的最有价值、最具影响力的精神财富，就是以他名字命名的科学理论——马克思主义。”

《资本论》是马克思主义的主要著作，是马克思主义政治经济学的集中体现和代表性文献。恩格斯认为无产阶级政党的“全部理论来自对政治经济学的研究”。① 列宁也曾经指出政治经济学是“马克思主义理论最全面、最深刻、最详尽的证明和运用”。② 要领会其精神实质，就必须下功夫刻苦钻研《资本论》原著。恩格斯在谈到应如何学习马克思的《资本论》时说过：像马克思这样的人有权要求人们听到他的原话，让他的科学发现完完全全按照他自己的叙述传给后世。对于那些真正希望理解他的人来说，最重要的正是原

---

① 马克思，恩格斯.马克思恩格斯文集：第 2 卷[M].北京：人民出版社，2009：596.

② 列宁.列宁选集：第 2 卷[M].北京：人民出版社，1995：428.

著本身，而不是根据第二手的材料来进行研究。

因此，在本课程的教学过程中，将通过阅读《资本论》原著，引导学生准确理解、深刻把握、始终坚持、灵活运用马克思主义的世界观和方法论，即历史唯物主义和辩证唯物主义，来分析和研究新时代中国特色社会主义重大理论和实践问题；引导学生深刻领会、真心认同《资本论》以人民为中心的根本立场，并把这一理念贯穿于认识分析问题的全过程；引导学生理解、认同、践行中国特色社会主义共同理想和共产主义远大理想的价值追求和奋斗目标；引导学生增强“四个意识”，坚定“四个自信”，做到“两个维护”。

三、教学理念与教学设计

本课程认为，学生亲自读《资本论》原著具有其他任何学习方式不可替代的必要性和重要性。诚然，在学生阅读学习《资本论》过程中，教师适当去引领和指导是必要的，但绝不是教师讲授代替学生阅读，而是需要师生一起围绕原著，共同学习研究，教学相长，促进学生综合素养得到显著提升。

本课程采取团队授课模式，每节课给学生提前布置学习任务，把内容按照学习要求分为泛读、重读、精度三个层次，认真阅读原著，并记录学习过程中的问题和心得，供课堂交流。在此基础上，每名教师在集体备课、充分研讨基础上，精心准备两次课内容进行讲解。围绕原著内容，教师首先进行导读，主要是介绍背景知识、结构框架、主要内容等重点难点；接着，学生汇报自己阅读成果，分享学习心得，提出疑难问题，供学生之间交流；接下来，教师回应学生的交流结果，深化理论认识；最后，结合当今世界和我国新时代经济社会发展中的重大现实问题进行探讨，通过强化理论与实践的结合，彰显并实践马克思主义的理论价值和现实意义。

四、教学方法与教学手段

本课程采取系列授课方式上课，充分吸收学校《资本论》研究资源，借助教学团队集体备课方式，整合各名教师的优势和特长，形成教学和研究合力。在此基础上，每名教师聚焦两次左右内容进行授课，最大限度保证高质量完成教学任务。

在教学过程中，紧扣提升学生综合能力、培养学生成才的主要目标，注重发挥好学生的主体作用和教师主导作用。通过学生提前仔细阅读《资本论》原著，教师课堂讲授引领，学生分组讨论、个人展示，师生交流，学生撰写读书笔记和学术论文并进行公开汇报等教学方式方法，实现教师与学生、课内与课外、理论与实践的良性互动。

第一，处理好理论与实践的关系。时代是思想之母，实践是理论之源。理论源于实践，受实践检验并指导实践。理论联系实际是马克思主义的灵魂，是《资本论》教学的生命力之所在，也是《资本论》教学中必须贯穿的一条基本原则。在教学中，要克服两种倾向：一是教条主义地照本宣科讲《资本论》中的知识、结构体系和方法，而不联系实际，结果使鲜活的理论失去生命力；二是打着《资本论》研究的旗号只讲实际，基本不讲《资本论》中的理论，严重影响学生对《资本论》的认知。因此，在《资本论》教学中，一定要把理论和实际结合起来，既要夯实学生的理论基础，又要联系实际，使《资本论》中的理论焕发时代的生命力。一方面，要重点关注当代资本主义的新变化、新情况、新问题，并赋予其新视角、新观点、新解释；另一方面，要紧密联系我国新时代中国特色社会主义经济社会发展的新实践，不断进行理论创新。

第二，处理好科学性与意识形态性的关系。《资本论》揭示了资本主义运行的规律和资本主义生产方式的本质，具有科学性；同时，它又反映和代表无产阶级利益、愿望和要求，具有强烈的意识形态性。忽视或抹杀其科学性，意识形态性就站不住脚，就无法为它所代表的无产阶级服务；同时，它的意识形态性又是其科学性的体现，使其成为“工人阶级的圣经”，回避或淡化《资本论》的意识形态性，实质上就是改变了马克思主义的本质。无产阶级的阶级利益与历史发展规律的一致性，决定了马克思主义政治经济学意识形态性与科学性的统一。所以，在教学过程中，要让学生既明确理论和方法的科学性，又明确其所代表的阶级的先进性与人类发展的基本规律的一致性。

第三，处理好“政治经济学”课程与“走近《资本论》”课程的关系。“走近《资本论》”课程的教学，不是简单重复政治经济学的原理，而是在学生掌握政治经济学一般原理的基础上，更深入地学习《资本论》的理论体系、逻辑结构和研究方法。如果离开《资本论》的逻辑思路和方法，阐述政治经济学的原理，就会使学生失去学习的兴趣和钻研的劲头。另外，在现行的《政治经济学》教材中，有的加入了教材编写者个人对《资本论》的理解，远离或违背了《资本论》原著，有的是对《资本论》内容和框架的浓缩，但不是全部。因此，“走近《资本论》”课程不可避免地会重复政治经济学的内容，但不能只是简单重复，而是要让学生在阅读原著过程中加深对政治经济学原理的理解，同时要对政治经济学中没有涉及的重要内容进行重点讲解。

第四，处理好课堂导读与课后阅读的关系。《资本论》是部鸿篇巨制，教学时间有限，在课堂上不可能带着学生完整阅读。所以，比较现实的做法是课堂老师导读，课后由学生自己读。导读就是通过教师的讲解解决学生自学中可能遇到的难点，突出教学内容的重点，把学生在阅读中不能感悟到的知识或方法教给学生，培养学生自学能力，激发学生的学习兴趣。《资本论》导读可以通过在划分每个章节的段落并总结其段落大意的基础上，概括每个章节的中心思想，也可以解释难以理解的词句和全书的逻辑体系结构以及研究方法，当然也要引导学生聚焦当前重大理论和实践问题。

第五，处理好重点讲授与全面讲述的关系。《资本论》三卷共两百多万字，既要力争指导学生在有限的学习时间内通读原著，掌握《资本论》的全貌，又要在此基础上，抓住重点，突出重点。可以把具有理论升华和现实价值，又在“政治经济学”课程中没有精讲的内容进行重点讲授。例如第一卷第一章讲的商品价值论有四个小节，分别是商品二因素、商品中劳动的二重性、商品的价值形式、商品拜物教性质，这些知识点在“政治经济学”课程中都学过，前三个内容详细讲授，后一个往往略讲。而在“走近《资本论》”教学中则不同，商品拜物教作为本章知识的升华，这里就要重点讲。再如，从方法上来说，本章使用的矛盾分析法是唯物辩证法运用的典范，需要结合内容重点讲授。使用价值与价值的矛盾，具体劳动与抽象劳动的矛盾，人格的物化与物的人格化的矛盾，商品与货币的矛盾，以及商品经济条件下这些矛盾所包含的生产力与生产关系的矛盾，为本书后面将要逐渐展开的资本主义社会生产的社会化与资本主义私人占有之间的矛盾奠定基础，从而理解马克思是怎样从商品这个经济细胞来剖析资本主义经济矛盾的。

第六，处理好阅读原著与学习参考资料的关系。由于《资本论》比较抽象，直接阅读对于广大读者具有一定难度，因此适当选择一些参考资料与辅助读物，通过它们的通俗化和形象化解读的确降低了学习原著的难度，但要注意区分原著和二手资料的区别。要分清主和辅的关系，参考资料和辅助读物都是为了帮助深化理解原著，而不能取而代之、本末倒置。因为，在学生还没有系统地、原汁原味读完《资本论》之前，就读《资本论》理解的深化方面的专著等参考资料，可能会导致学生本能地接受别人的观点，而难以形成自己的观点。所以，大学生学习《资本论》还是应该把主要精力放在阅读原著上。

第七，处理好专题讲座与原著教学的关系。目前，大多数学校囿于时间限制，《资本论》的课时数非常少，无法系统讲授，于是就以专题的形式进行。专题主要突出《资本论》的研究与现实的结合，强调《资本论》的实用性。这样的做法不适合本科生，因为本科生并没有系统学习过《资本论》，以专题讲座代替正常的教学，不能保证学生去认真阅读。“走近《资本论》”课程专题忠于原著，在此基础上，进行学术探讨和联系实际进行升华。另外，课程讲授注意专题与专题之间仍须尽可能保持原书的整体结构和理论系统。所以，进行专题讲座尽可能按照原著的整体结构来安排顺序，并使专题与专题间保持较密切的逻辑联系。

五、教学实践与教学考核

在课堂学习基础上，鼓励并支持学生积极开展课外实践活动，以此拓展教学范围，提升教学效果。每学期通过学生个人或组建团队进行社会调研活动，撰写调研报告、了解国情、贴近实际、深化理论、指导实践，既充分发挥了理论对实践的指导作用，又深化了对理论的理解。

本课程考核采取平时学习过程控制和期末考核结果评价相结合的方式。具体而言，在平时每次学习进程中，师生以圆桌会议形式落座，每名学生前面设置席卡，根据学生的出勤、发言、交流、互动等课堂表现，当场记录成绩，作为平时成绩。

期末考核则采取成果汇报的方式进行公开答辩，在学校大礼堂向全校师生开放，邀请《资本论》研究领域专家和授课教师组成答辩委员会，学生可以采用灵活多样的方式展示学习成果，根据学生汇报的内容和形式，答辩委员会给出点评和成绩。这种多元的考核方式赋予学生更大的自由，也可以更好地检验和推动学习实效。

参考文献

[1] 习近平.在纪念马克思诞辰200周年大会上的讲话[N].光明日报，2018-05-05.

[2] 马克思.资本论[M].北京：人民出版社，1975.

[3] 段学慧，刘丹，王海飞.提高《资本论》教学效果的思考[J].淮北师范大学学报，2016，37(3)：133-137.

[4] 张宇，孟捷，卢荻.高级政治经济学[M].3版.北京：中国人民大学出版社，2012.

[5] 习近平.在哲学社会科学工作座谈会上的讲话[N].光明日报，2016-05-18.

立德树人篇

立德树人：思政课程、课程思政与课堂思政的发展脉络*

史志高

【摘要】 新时期高校思想政治工作不断深入，必须积极探索立德树人的新机制。思政课程一直以来发挥着重要的育人作用，尤其是马克思主义学院的建设为思政课程提供切实的队伍保障；课程思政是从载体上对思政课程的发展和拓宽，将思政元素融入专业课程教学，不再局限于公共课教学；课堂思政是结合课程教学的时间和空间展开思想政治工作，将课堂转换为思想政治工作的现场。课堂思政是思政课程与课程思政之间的连接点，也是二者的灵魂与关键，在新媒体环境中高校思想政治工作要更加重视课堂思政。

【关键词】 思政课程　课程思政　课堂思政　大学生活　网络社会

自2016年12月7日至8日习近平总书记主持召开全国高校思想政治工作会议以来，思想政治理论课日益受到关注。2019年3月18日学校思想政治理论课座谈会召开，更是引发社会与高校对课程建设的讨论。思想政治理论课教学的重要性再度攀升，不仅仅高校党委关心，校长和校党委书记走到学生中间讲思想政治理论课，省部级党政领导也愈加重视，到高校为大学生讲授思想政治理论课[1]。伴随着高校思想政治工作的推进，育人理念也在广度和深度上得到大幅提升，尤其是课程思政概念的提出，将高校思想政治

* 本文系国家社会科学基金教育学青年课题"基于网络社会的大学生活适应研究"（CIA130173）阶段性成果。

理论课教学原有的课程体系拓宽到专业课程，不再只是原本公共课的教学任务，而是将大学生思想政治工作与专业课程结合起来。

课程思政与思政课程一样，都强调道德教育和马克思主义理论教育在大学生学习及成长过程中的重要作用，都强调课程平台对于大学生的指引作用。课堂思政则主要强调利用课堂开展思想政治工作，强调高校课堂育人使命与社会理论与实践相结合的特点，并且更侧重实践层面。网络使人的生活虚拟化，越来越多的人将注意力放在网络媒体上。网络社会对于大学生思想政治工作提出全新的挑战，不仅不能放松现实空间里的传统教学模式，还要辅以网络平台教学。在信息技术冲击之下的课堂思政模式更具有现实意义，更值得去探索和提升课堂思政的效果，使课堂成为思想政治工作的现场。

一、思政课程

思政课程是指在全国高校范围内以提升大学生思想道德与政治理论素养为目标的特定课程。在当前大学本科教育阶段思政课程具体是指六门课，包括“思想道德修养与法律基础”“中国近现代史纲要”“马克思主义基本原理概论”“毛泽东思想与中国特色社会主义理论体系概论”“形势与政策”“当代世界经济与政治”[2]。思政课程中的前四门为全国高校的必修课，分别简称为“基础”“纲要”“原理”“毛概”。六门思政课程中有两门为全国高校的选修课，包括“形势与政策”与“当代世界经济与政治”，由高校结合专业与特色选择开设。综合性院校与文法类高校一般开设“当代世界经济与政治”，有些财经院校则在六门课程之外开设“政治经济学”作为选修。

思想政治理论的课程体系自设立，就一直处于完善与丰富之中。1949年中华人民共和国成立之后，主要依托四门政治理论课“中共党史”“政治经济学”“马克思主义哲学”“国际共产主义运动”，其中前三门为必修课，第四门课程主要在文科院系开设[3]。1987年，国家在四门课程的基础上，增设五门课程“形势与政策”“大学生道德修养”“人生哲理”“职业道德”“法律基础”，此次课程增设主要在政治理论课的基础上进一步强调思想道德教育[4]，至此形成了高校思想政治工作近30年来主要依托“两课”推进的格局，具体包括思想道德与政治理论在内的两大课程体系，思想政治理论课也因此被称作“两课”[5]。1998年，调整为八门课程，当前思政课程涵盖六门的格局是在2005年重新调整后形成，并一直沿用至今[6]。

依据课程内容与难易程度，思政课程在大学的不同学期开设。“思想道德修养与法律基础”和“中国近现代史纲要”一般面向大一新生开设，这是由于上述课程与中学阶段有比较好的承接性，思想道德教育与历史课程具有较强的人文通识特点，课程内容易于接受，对于大学生适应新阶段的学习能够起到过渡作用。“马克思主义基本原理概论”和“毛泽东思想与中国特色社会主义理论体系概论”一般面向大二学生开设，这是由于课程本身有一定的难度，课程所面向的问题具有复杂性，在大二开设相关课程可以引导大学生初步认识现实社会生活。“形势与政策”和“当代世界经济与政治”主要是帮助学生了解全球局势与社会热点，前者在低年级阶段开设，后者面向高年级学生开设。课程具体开设的学期一般要与任课教师数量匹配，如果某一门课程的教师数量有限，教学部门采取的策略通常是将全体学生分配到不同的学期，利用上学期或下学期完成课程学习。

当前，思政课程的师资通常集中在各高校的马克思主义学院。随着国家对大学生思想政治工作的重视，思政课程的教学单位逐渐实体化，尤其是马克思主义学院陆续在全国高校建立起来。此前思政课程的教学单位名称多为两课教研部（中心）、社会科学部（系）或基础部。专业院校与地方院校思政课程的教师在相当长的时期内以兼任为主，即便有专任教师也数量不多，尤其是以理工科见长的院校。各高校的马克思主义学院在全国范围内建立为全国思政课教师的队伍建设提供契机，大量专任教师的聘任得到保障，尤其是地方院校和专业院校中忽视思政教师聘用的问题以及课时被压缩的现象得到比较好的解决。与此同时高校思政课教学获得的科研经费支持在显著增加，尤其是依托人民大学的北京高校思想政治理论课教学高精尖创新中心年投入5 000万元，持续5年共计2.5亿元的规模更是振奋人心[7]。思政课程日益受到重视与党和国家对高校思想政治工作形势严峻的判断紧密相关。

二、课程思政

1. 课程思政主张在高校专业课程中融入思政元素

课程思政亦是从课程入手推进高校思想政治工作，不同之处则是不再局限于此前提到的六门课程。课程思政主张拓宽载体，倡导高校各专业的修读课程参与进来，从而实现高校思想政治工作与专业教育的结合。课程思政要求高校各专业的必修课程与各专业的选修课程都能体现思政元素，具体思路是通过课程全覆盖来深入和全面推进高校思想政治工作。课程思政是高校思想政治工作开展迄今所依托课程的最大范围跃升。2016年全国高校思想政治工作会议召开后，课程思政的实践全面展开，上海市教育委员会在此前已经展开课程思政的尝试，当下则倡导所管辖的58所高校展开课程思政的整体试点和全面推进[8]。目前推进课程思政的高校主要举措是在教学方案与课程大纲中明确思政元素如何与专业课程融合，在专业学院中予以经费重点资助部分融合思政元素开展较好的专业课程，以此形成专业学院与所在高校的整体课程思政氛围。

此前思政课程的理念是基于特定课程来推进高校思想政治工作，而课程思政的理念则是强调高校整体课程共同承担思想政治工作的使命。在课程思政理念全面铺开之前，如何更好利用课程来开展思想政治工作，尤其是在邀请其他专业学院的教师与社会知名人士进行授课方面已经有不少探索。一些知名的专业课教师，包括院士在内，进行授课确实在大学生中取得更高关注度，上海高校开设的“中国系列”课程在学生中获得好评，提升了高校思想政治工作效果[9]。2017年6月，复旦大学整体推进课程思政建设工作，在全国范围内受到关注，为国内其他高校课程思政展开起到引领作用。当年建设的系列课程内容丰富，包括3门高校思想政治理论示范课程、2门“中国系列”课程、13门综合素养课程、28门专业课程[10]。全国高校思想政治工作会议要求各省市的党政主要领导担负起责任，要到高校中去面向思想政治理论课和大学生，为高校思想政治理论课教学注入新的动力和活力。

2. 课程思政鼓励高校专业教师在专业教学中推进思想政治工作

事实上，思想政治工作仅仅依靠马克思主义学院教学来推进呈现出力量比较单薄的局限性，并且使得专业课教学与公共课教学在高校思想政治工作推进中割裂开来，至少没有形成专业课教学助力公共课教学的局面。在某些地方院校与专业院校中往往形成重视专业课教学、轻视公共课教学的现象。对专业课的重视，包括引入更优秀的师资人才，投入更多教学经费与教学设备等资源，一定程度上确实对比出高校对思想政治理论课教学不够重视与投入有限。重视专业课教学，不重视思想政治理论公共课教学，在高校内部限制了马克思主义学院发展，从而严重影响高校思想政治工作实际成效，教师的积极性不高，学生的学习态度不够端正，学习积极性也不高。课程思政试图阻断此前专业课教学与思想政治理论公共课教学之间的割裂，在高校内部整合思想政治理论课教学资源，促进高校思想政治工作深入推进。

3. 课程思政不是简单以专业课程取代思想政治理论公共课程，实际是一次大胆的探索

课程思政使得高校思想政治工作队伍扩容，专业教师与专任教师共同承担育人的历史使命，使得青年的问题与困惑能及时在课堂得到回答。引导高校教师更加重视教学，更加重视教师在教育中的角色，有力地回应了社会功利浮躁之风对高校育人环境的挑战。课程思政是在专业课程中融入思政元素，是在专业课程教学中增加对人的关照和培育，值得注意的是不能因此影响到课程的专业特色与定位，不能简单和生硬地追求思想政治工作效果。课

程思政在一定程度上是隐性的，是依靠专业教师的人格魅力与人生经验，依靠专业课学习氛围浓厚等思想政治工作开展的有利元素所进行的一种探索，要重视专业教师的积极性，重视教学之后的回馈，重视调研专业教师在工作过程中所面临的新问题，从而让课程思政的宝贵探索更富有生命力和成长性。

三、课堂思政

1. 课堂思政强调立足课堂的有限时间和教学现场做好高校思想政治工作

课堂并不仅仅是理论教学的空间，课堂的现实指向与实践性需要引起重视，结合思政课程的课堂将持续推进高校思想政治工作。习近平总书记在全国高校思想政治工作会议上强调“要用好课堂教学这个主渠道，思想政治理论课要坚持在改进中加强，提升思想政治教育亲和力和针对性，满足学生成长发展需求和期待”，这实际上是提出重视利用课堂开展思想政治工作。思政课程在课堂理论教学的过程中，最终要指向现实社会和大学校园中的现实问题，指向大学生和大学生活，指向人的内心与思想，从而达到思想政治工作的目标。如果课堂仅仅是理论探讨，没有明确的现实指向，课堂往往失去其本来的教育意义，甚至逐渐失去对学生的吸引力，最终教师也会失去教学的热情。课程是理论建设的重要部分，而课堂则是课程在现实空间最生动的拓展，课堂教学的成败关系到课程的发展。课堂教学的核心是教师，通过对学生引导实现课程价值和课程认同。

课堂需要与日常生活对接起来，回应青年心灵深处的那些惶恐、焦虑与不安。课堂思政需要有比较灵活的课堂驾驭能力，能够激发学生思考现实问题，激发学生呈现这些思考，激发学生在师生交流中共同思考，从而唤起师生之间共同成长的深层愉悦[11]，在课堂教学现场实现对日常困境的超越。课堂要能回应大学生活中潜藏的危机，教师要熟悉大学校园中的生活模式，从教室到寝室，从图书馆到体育馆，从学习到生活及心理，这些可以帮助教师建立起在课堂中的威望，从而更好地引导学生燃起大学生活的热情。高校的思想政治工作可以帮助青年建立起理想信念，建立起积极的学习态度与生活态度，从而投身到国家和社会的建设中。

2. 课堂思政是高校思想政治工作推进的重要方式

新媒体环境中更要意识到课堂思政是高校思想政治工作推进的重要方式。课堂始终是高校思想政治工作推进的主阵地，课堂松懈或者疏于引导是对高校思想政治工作成效的极大伤害。大学生活最有影响力的空间便是课堂，不能最有效的利用课堂这一宝贵的现实空间契机，将是高校思想政治工作资源和载体的浪费。构建富有活力的课堂氛围尤为关键，只有在轻松与活泼的氛围中才能激发教师与学生之间的有效对话，才能实现高校思想政治工作的目标。利用生活中的素材导入课程，尤其是日常见闻，则能引导学生思考身边的生活，关注身边的人和事，离开充满刺激性信息的社交媒体与新媒体平台，思考基于真实生活的问题。

在技术时代更需重视日常生活，引导学生关注大学的校园环境。在课堂上引导大学生之间展开真实的交流，引导大学生之间展开讨论，在讨论中深化对于大学生群体和自身的认识[12]，从而更好地实现与周围环境中人的连接。在此过程中建立起相互关心和友爱互助的精神，建立起对于人的最基本和最鲜活的感受，建立起对于人的尊重，培养亲社会行为。网络教学平台是对现实课堂空间的辅助和补充，具有无可比拟的交流优势和效率，能够克服现实课堂容量的限制，能够大范围地覆盖和实现优质教师的课堂共享。但是网络教学平台比较难于实现对于多个虚拟现场的深度互动，并且学生现场真实参与的程度难以把握，教师真人的示范效应难以实现，虚拟现场的复杂性难以达到高校思想政治工作真实现场的效果。智能手机时代与移动互联网技术的发展一方面为高校思想政治工作推进带来机遇，另一方面则给课堂思政带来巨大挑战，教师要引导学生关注教学现场，而不是透过屏幕关心现场之外的无限远方。

3. 课堂思政是思政课程与课程思政的共通之处

一直以来思政课程对于推进高校思想政治工作发挥着举足轻重的作用，思政课程在一代代大学生中产生重要影响。实际上大学生对于思政课程逐渐形成和发展出自己的态度，如何继续提升和巩固思政课程在青年中的成效值得继续探索，尤其在“00后”逐步走入高校的今后十年。思政课程的课堂管理直接关系到高校思想政治工作能否落到实处，班级的规模与学生群体的现场投入程度以及教师教学的热情这三者是比较关键的因素。思政课程要实现入脑和入心的真实效果，需要时刻关注教学现场的回馈。课程思政极大丰富和补充了思政课程建设过程中的载体与通道，单纯依靠公共课教学是否能够在新时期取得高校思想政治工作的理想效果着实需要反思。在当下的探索过程中更需要关注课程思政如何不落入既往思政课程建设过程出现的困境中，并且要探寻课程思政建设的长效机制，探寻如何开发和建设更多的课程思政实现路径，让课程思政与思政课程共同有效担当起高校思想政治工作新时期的使命。重视课程教学中语言的力量，以生活中的语言唤起学生对教学的关注和对问题的思考，在教学的过程中激发大学生课堂发言和参与课堂建设的热情。力争在思政课程与课程思政的教学现场做好和做通高校思想政治工作，继续提升和完善课堂思政的实效，引导大学生更好地适应和融入大学生活，实现从高中到大学的跨越，实现从大学向社会的跨越，实现个体在国家未来发展与建设过程中的积极意义。

四、结语

思政课程不是一般意义上的理论课，具有很强的实践性。如果思政课程仅仅满足于照搬课本教学，则很难收到良好的教学效果，很容易与中学部分课程知识点重叠，从而难以提升学生参与的热情，更难以达到课堂思政的目的。中小学基础教育阶段的铺垫恰恰是为大学阶段的课堂参与提供前提，所以大学课堂要引导学生独立思考，鼓励学生呈现自己思考的成果，参与课堂表达，与教师对话，通过教师的引导来重新理解身边的社会生活。

课程思政理念的提出将全面育人提到新高度。育人并不仅仅是思政课程的使命，同样是专业教育需要关注的问题，专业教育必须与思政课程的教育结合起来才能培育出全面发展的人。个体只有对社会有感情，才能为自己的发展注入内生动力，个体只有与其他个体相互协作和相互帮助，才能更好发现个体的价值与意义。个体的专业知识与学习，最后需要服务于社会才能体现其固有的价值与意义。

课堂思政重视实际效果，是对课程知识与理论的升华和超越。思政课程和课程思政都服务于课堂思政，课堂思政是二者共同的归宿。高校强调课程的重要性，是现代教育理论发展的结果，实际在课程中学习到的理论与知识是对现实社会和现实生活的重现。理想的课程设计是通过种种模拟与训练，实现对人灵魂的塑造和引领，课程理论只有落到实处，促进学生重新认识世界，在现实世界中学会提升自我与服务社会，才能真正实现课程理论的作用。专业教育过于强调人的工具价值，强调专业学习和技能训练，强调过程评价与结果评价，但在这些过程中最重要的人的价值被忽视，人的创造性与能动性没有得到更多发挥。将原本使用工具的人培养成被工具所使用的人，这是当前高科技迅猛发展对人价值理论的挑战。课堂思政力求在教学现场呈现出人的价值，通过课堂参与和真人互动达到对人的塑造和激活，并且在课堂训练的过程中伴有情感交流，通过现场教育实现对受教育群体的整体塑造。课堂思政是通过思政课程和课程思政所创设的课堂在现场塑造人，在社交媒体时代具有更强的指向意义，是对虚拟交流的超越，是技术时代人社会属性的回归。课堂思政让人在现场对话，让人回归到真实的生活，在交流中呈现人的价值，深化人的价值，从个人出发回归到身边的社会。

参考文献

[1] 丰捷. 爱上思政课[N]. 光明日报,2017-08-15.

[2] 中共中央宣传部教育部关于进一步加强和改进高等学校思想政治理论课的意见[EB/OL]. (2018-08-02). http://www.moe.gov.cn/s78/A13/sks_left/s6387/moe_772/tnull_9310.html.

[3] 李正文.在高校政治理论课教师讲习会上的讲话(摘要)[J].教学与研究,1979(6):6-14.

[4] 周兴林.《思想道德修养教程》编写的指导思想、框架结构及其他[J].中国电大教育,1993(6):44-55.

[5] 中共北京市委教育工委,北京市高教局.坚持改革 把握时机 努力搞好高校"两课"的建设[J].中国高教研究,1993(5):7-11.

[6] 王小兵.高校思政课"05 方案"与"98 方案"比较[J].重庆科技学院学报,2006(S1):31-34.

[7] 刘建军.论高校思想政治理论课建设的"高、精、尖"[J].思想教育研究,2018(4):87-90.

[8] 虞丽娟.从"思政课程"走向"课程思政"[EB/OL]. (2018-08-20). http://www.qstheory.cn/science/2017-07/21/c_1121359310.html.

[9] 高德毅,宗爱东.课程思政:有效发挥课堂育人主渠道作用的必然选择[J].思想理论教育导刊,2017(1):31-34.

[10] 张鹤仪,孙燕华.复旦大学课程思政育人圈层效应初显 首批课程思政校内公开课受好评[EB/OL]. (2018-07-02). http://news.fudan.edu.cn/2017/1212/44967.html.

[11] 谌林.课堂教学叙事与话语体系创新——以高校思政课教学为例[J].湖南师范大学教育科学学报,2013,12(2):120-124.

[12] 刘卫平.论高校思想政治理论课课堂教学可信度的主要表现[J].思想教育研究,2015(12):38-40.

新媒体时代大学生社会主义核心价值观培育的机遇与挑战

陈伟宏

【摘要】 新媒体时代为大学生社会主义核心价值观培育提供了新机遇。在社会主义核心价值观传播中，新媒体技术保证了传播的"无障碍性"，增强了传播的"感染力"，提升了传播的"针对性"。新媒体时代也给大学生社会主义核心价值观的培育带来了严峻挑战，为此，必须采取如下措施：树立"尊重为本"的教育理念，改进宣传和教育方式；重视"载体合力"的整合功能，探索新的工作思路；坚持正确的舆论导向，加强对新媒体环境的应用管理；开展大学生"媒介素养"教育，增强自我教育能力。

【关键词】 新媒体时代　大学生　社会主义核心价值观　机遇与挑战

"新媒体"是相对于书信、电话、报刊、广播、电影、电视等传统媒体而言的，依托于数字技术、互联网技术、移动通信技术等向受众提供信息服务的新兴媒体，人们通常形象地将其称之为"第五媒体"。以"个人为中心"的博客和微信的兴起，表明互联网正在逐步实现对以"信息共享"为特征的第一门户的超越。可以预见，未来互联网自媒体趋势将愈加明显，而博客以及微信也将成为自媒体发展的主要推动力量。不经意间，人们由传统传媒时代跨入到一个"由所有人面向所有人进行信息传播"的新媒体时代。当代信息传播方式的根本性变化，正改变甚至颠覆着现实生活中人们的思想观念、价值标准乃至生活方式。有研究者甚至预言："新媒体将成为主流媒体，新的话语将成为主流话语，而网络记者终将会成为主流记者。由此带来的新思维，将成为主流思维方式。而新媒体存在和运行的游戏规则将成为主流的传媒游戏规则。”[1]因此，在新媒体时代，如何实现用先进技术传播先进文化，深入持久地开展大学生社会主义核心价值观培育，便成为当前高等学校迫切需要思考和解决的重大课题。

一、大学生社会主义核心价值观培育的新载体和新机遇

从传播学的角度看，大学生社会主义核心价值观的培育是一种特定的信息传播工作。新媒体时代信息传播的特点，决定了新媒体能为当代大学生社会主义核心价值观培育提供新的载体和阵地，善加利用，乘势而为，社会主义核心价值观就能够更容易为广大青年学子所接受，必将增强社会主义核心价值观对大学生成长的积极影响。

（一）新媒体技术保证了社会主义核心价值观传播的“无障碍性”

在新媒体技术的支撑下，社会主义核心价值观可以通过多样化的传播渠道，超越时间和空间的限制，毫无障碍地向大学生发布，而无须受相关制度、体制和其他烦琐程序的制约。学生在学习和研讨中遇到的任何问题，既能通过多种新媒体渠道快速查找到大量相关资料，也可以通过新媒体发帖子、发短信、QQ 聊天、微信群和微信公众号等多种方式，与同学、老师甚至陌生的“他者”进行沟通与交流。信息传播主体的“多元化”，不仅最大限度地调动了广大学生获取信息的主动性、自主性和参与性，而且将真善美、假恶丑的多元价值观同时展现在青年学子面前，让他们自己去判断、去选择。

（二）新媒体技术增强了社会主义核心价值观传播的“感染力”

新媒体技术集图、文、声、像于一体，熔声、光、电、化于一炉，形式活泼多样，特别是虚拟仿真技术，让人常有身临其境之感，改变了传统媒体形式单一或者无法形成合力的弊端。利用新媒体对社会主义核心价值观进行全方位

的、个性化的、多维度的传播，可以极大地激发大学生的求知欲和想象力，让他们自主地选择学习组织者提供的素材，在形象、生动、直观的情境中升华思想；在图文并茂、声情融汇的语境中感知教育信息；在寻求视觉听觉愉悦的过程中把握社会主义核心价值观的科学内涵和精神实质。

（三）新媒体技术提升了社会主义核心价值观传播的“针对性”

新媒体文化虚拟的特性及匿名狂欢的氛围，填平了学术权威和平民百姓之间的天然鸿沟，“你”“我”“他”之间一律平等。在“虚拟”空间，原本处于“小字辈”的大学生们完全有可能通过发表自己的见解，成为“新意见领袖”的核心人物，而获得众星捧月般的追捧。因此，大学生更愿意借助“虚拟”空间来表达自己的思想观点，袒露自己的心声。作为高校思想政治工作者，完全可以利用新媒体虚拟传播的特点，消除大学生的心理戒备，主动与广大青年学生进行平等交流，及时、全面、准确地掌握受教育者的心理倾向与价值取向，因地制宜、因时而动地有针对性做好社会主义核心价值观的培育与弘扬工作。

二、新媒体给大学生社会主义核心价值观教育带来严峻挑战

科学技术从来就是一柄“双刃剑”，在看到新媒体技术天然地具有培育与弘扬社会主义核心价值观有利因子的同时，也要清醒地认识到它给大学生社会主义核心价值观培育带来的严峻挑战。

（一）“去中心化”影响大学生的价值选择和判断

在我国社会价值体系中，以马克思主义为指导的社会主义意识形态居于核心地位，支配着意识形态和社会价值观的整体发展。但是，新媒体时代是个性得到全面张扬的时代，是信息传播主体多元化的时代，处于生理和心理成熟期的大学生，可以自由地参与到无中心状态的网络交流之中，成为信息交往中的话语主体。不可否认的是，人们在“出售”各种信息产品的同时，也

在"出售"各种思想、观点和价值观念。一旦新媒体出于获得自身最大利益的考虑，在宣传报道中潜移默化地引入某种价值观，且这种价值观与客观现实有时存在着一定距离，喜欢新鲜、刺激而认知和辨别能力尚未健全的大学生极易将媒体的价值导向视为"圭臬"而盲目追随，导致其偏离主流价值观，行为失范。

（二）"超媒体性"削弱了大学生对主导价值观的深度思考

"超媒体性"指在多种媒体中非线性地组织和呈现信息，主要表现为文本、声音、图像、动画和视频之间的链接关系，它是网络文本的核心技术和主要表现手法[2]。超媒体是超文本的延伸，所谓超文本是一种按照信息之间关系非线性地存储、组织、管理和浏览信息的计算机技术。现在，依靠数字技术对多媒体信息进行整合，用户根据自己的兴趣和需求，通过"点击"不仅可以选择性地获得相关的文本信息，而且还能够获得相关声音、影像等信息。超媒体性不仅带给用户极大的信息选择自由，而且还让用户享受到视角和听觉上的快感。然而，一个值得注意的问题是，在新媒体环境下，受众不需要顺序阅读，影像画面的刺激性和震撼性被一再强调，传统教育方式下内容之间固有的丰富性、深刻性、条理性被大大削弱，取而代之的是碎片化的内容之间的随意链接。这种碎片化与娱乐化的阅读方式，减弱了当代大学生对主导价值观等理论问题的深度思考，也极易消解个体的价值判断和价值选择能力。

（三）"不对称性"的消逝造成教师话语"霸权"危机

"不对称性"是指在传统媒体环境下，教师相对于学生在经验、知识、能力、社会性等方面具有一定的优势。正是由于"不对称性"的存在，年轻的学生才有弥补差距的冲动和内在动力，才会对教师始终保持一种仰视的态度。然而，随着成人信息控制权的空前削弱，尤其是随着学生对教师在传统媒体环境下严控信息的了解，笼罩在教师身上的那层神秘面纱很快被掀开，越来越多的学生觉得教师"不过如此"，对教师职业及其才智的敬畏和好奇与日俱减。这种师生之间的“不对称性”的消逝，对负责传播“主流文化”和“主流价值观”的教师话语权形成了极大挑战，即使是针对教育者提出的信息内容，学生们也更趋向于相信自己的独立判断，其后果便是因普遍怀疑而产生的新的信仰危机。更为严重的是，学生在怀疑一切的情况下，价值取向可能变得混沌不清甚至被误导。

三、新媒体时代加强大学生社会主义核心价值观教育的对策

习近平总书记在全国高校思想政治工作会议上指出：“要运用新媒体、新技术使工作活起来，推动思想政治工作传统优势同信息技术高度融合，增强时代感和吸引力。”新媒体既为当代大学生社会主义核心价值观的培育提供了机遇，也带来了严峻挑战。面对新媒体环境，如果不能采取果断措施加强大学生社会主义核心价值观培育，不仅会造成技术与人文的极大悖论，也会影响到中国特色社会主义建设者与接班人培育的宏伟大业。

（一）树立“尊重为本”的教育理念，改进社会主义核心价值观的宣传和教育方式

博客、微信等新媒体的设计理念强调的是怎样才能最大限度地实现信息的交流与互动，开放、平等、自治是新媒体渗透的基本要义。为此，教育者一定要改变传统说教和灌输的观念，真正树立“尊重为本”的教育理念，促进核心价值观教育内化于心、外化于行，实现核心价值观的传播和影响功能。首先，要放低姿态，抓紧学习新媒体知识，密切关注和研究新媒体信息发展的新动向，善于利用新传媒开展工作。其次，要树立民主化的教育理念，通过公开自己的QQ、微信等联系方式，与学生展开真诚的对话与交流，注重增加师生、学生之间的情感互动。再次，要敏锐把握大学生思想变化的细枝末节，及时了解不同个体的精神和心理需求，通过“点对点”的教育方式，努力提升教育的实效性和针对性。最后，要深度把握社会主义核心价值观的科学意蕴，

通过自身深厚的功底和内涵，用新媒体语境中喜闻乐见的语言来进行耐心细致的引导工作，并有意识地在大学生中培养新媒体“意见领袖”，发挥他们在引导“圈子”里的影响力，真正化被动为主动。

（二）重视“载体合力”的整合功能，探索培育大学生社会主义核心价值观的新思路

“融合”是新媒体发展的显著特点，这种“融合”首先是新旧媒体的融合，即凭借技术和渠道优势，新媒体能够将传统教育中有效的内容、途径与方法通过有效转换，在虚拟空间中组织实施。思想政治工作者一定要利用这一优势，积极推进大学生核心价值观培育的信息化、数字化、网络化和多渠道建设，努力实现“虚拟”与“现实”的有效互动。高校思想政治教育课程应当借助新媒体，主动占据网络虚拟空间和现实空间的舆论主阵地，牢牢把握核心价值观教育的主导权。与此同时，还要继续发挥传统教育的独特优势。毕竟“人只有通过人，通过同样是受过教育的人，才能被教育”[3]。离开了人与人之间面对面的沟通交流，教育关系只会化为“伤害和受伤的关系”。

（三）对大学生进行社会主义核心价值观培育，必须坚持正确的舆论导向

新媒体语境下的社会主义核心价值观培育，必须加强对新媒体环境的应用管理。首先，要坚持党管媒体的原则，引导新媒体增强政治意识、大局意识和社会责任感，鼓励它们通过多种形式倡导社会主流意识形态和社会主义核心价值观；其次，要重视对社会热点问题的引导，完善新闻发布制度和重大突发事件新闻报道快速反应机制，注重以重大事件中产生的榜样力量来推动先进文化建设；再次，要以多样、生动和形象的方式来教化公众、传播知识，让广大青年在丰富多彩、喜闻乐见的多样化参与中受到教育和启发；最后，要高度负责地坚持舆论监督，对出现导向性错误的问题，实行严格的责任追究制度。

（四）开展大学生“媒介素养”教育，增强大学生社会主义核心价值观的自我培育能力

“媒介素养”教育是指导大学生正确使用和有效利用大众传媒能力的教育，通过这种教育，大学生不仅能够具备健康的媒介批评能力，而且能够不断地创造和传播有益信息，成为积极的、能力不俗的社会参与者。近年来，大学传媒教育迅猛发展，但大多倾向于技术上的教育，而关于信息评价、批判、选择等方面的能力教育仅占少数。培养大学生媒介素养，高校首先应重视校园舆论传播媒体和文化设施得天独厚的优势，让学生受到潜移默化的影响；其次，要借鉴国外“媒介素养”教育的优点，在大学教育中开设“媒介素养”教育课程让学生直接掌握相关知识；再次，以学生为中心，将校园媒介环境和大众传媒作为广大学生参与媒介实践活动的平台，让学生真正成为媒介活动实践的主体；最后，加强高校与家庭、政府以及相关职能部门的联系，呼吁大家共同参与，为“媒介素养”教育营造一个健康发展的良好氛围。

参考文献

[1] 李希光.迎接新媒体时代[N].环球时报，2000-04-21.

[2] 赵雪，曹彦男.微博通缉令中的互文现象[N].光明日报，2013-02-23.

[3] 伊曼努尔·康德.论教育学[M].赵鹏，何兆武，译.上海：上海人民出版社，2005.

育人共同体环境下高校思想政治理论课育人中的红色资源功能转化

祁　程

【摘要】 育人共同体环境下，红色资源作为优质教育教学资源，与思政课教育教学紧密结合。红色资源介入思政课的育人过程，乃是通过其功能转化进入教学双方的视野。通过完善红色资源在思政课教学中的内容构成，开展丰富多彩的专题教学；创新红色资源在思政教育中的形式，探索灵活多样的课堂教学模式；践行体验式实践教学，分类拓展延伸思政隐性课堂；借助网络信息平台，开展交互式网络教育教学；将红色资源融入思政课延伸的主流校园文化，打造高校红色文化软实力。在高校育人共同体合力作用下，思政课育人中的红色资源功能可充分有效地转化。

【关键词】 育人共同体　思想政治理论课　红色资源　功能转化

高校思想政治工作要体现全员育人、全程育人、全方位育人，而在育人共同体环境下，红色资源介入思政课育人过程，能够通过其功能的转化进入教学双方的视野。高校思想政治理论课（以下简称思政课）教学者基于设定的思想政治教育目标，对红色资源所蕴含的有效信息进行加工与处理，使其功能有效转化为思政教育教学信息，并通过信息输出，提升大学生的思想道德素质；而作为大学生这一教学对象，接受经由思政课教学活动设计的红色资源内容，通过外在活动与体验感悟，将之不断建构内化为积极的精神价值。在思政课教学实践活动中，红色资源的功能转化，如果能满足教学双方需求并为之所用，就会充分发挥思政教育价值。

一、育人共同体环境与红色资源功能转化的内涵

育人共同体环境下的思政课育人过程，旨在改变高校的传递—接受模式，将以单向的知识传输转向互动实践化的教学方式。高校育人共同体，基于共同体和学习共同体概念，一般指思政教育工作者、教育对象及教育环境所构成的宏观组织形态的有机体。高校育人共同体，能弥合共同体各要素之间的独立状态，要求课程、课堂、学生、学校、家庭、社会等相互配合，形成良性互动以构成有机联系整体，充分发挥系统最优功能，形成相互协调的同生共构关系，产生共轭效应或耦合效应，共同对受教育者产生影响，达到育人过程的良性循环。

在育人共同体中，大学生不是被动消极地接受多元主体施加的影响，而是不断将社会意识转换为学生自主意识，在教育主体的引导以及环境的熏陶下，逐步接受思政教育内容并将其内化为自身的思想道德品质。从宏观上看，高校育人共同体，是对各构成因素及其作用发挥的一种整体性制度设计，微观上看，高校育人共同体是对高校具体育人活动的一种整体性价值提升与细节融合。从本质上讲，在育人共同体环境下进行思政课育人，是“课程思政”理念的拓展，也是高校思政教育本质的逐步回归。

红色资源是全国各族人民在中国共产党的带领下，历经新民主主义革命、社会主义革命与建设、改革开放与新时代四个历史阶段，在长期社会历史进程中形成的历史遗存及其承载的历史事迹与精神观念，由物质形态和非物质形态两个层面的内容构成。红色资源功能的不断转化，反过来，促使其构成了一个跨度长、实践性强、内涵丰富而深刻的系统性概念复合体。红色资源在思政课育人过程中实现功能的有效转化，体现了其与思想政治教育教学双方之间的良性互动关系，即红色资源的功能属性。在育人共同体环境下，红色资源与高校思政课教学双方的教学目的需求保持了较为统一且能相适

应的意义关联。高校育人共同体的生命功能得到较大程度发挥,而红色资源又在这一环境下获得了其功能的转化。

二、红色资源在高校思政课教学活动中功能转化的现实路径

高校教育活动中,课堂教学是若干具体知识素养教育途径中最为主要的一种。在长期的高校教育教学实践中,红色资源作为被不断挖掘出的品质资源,主要“做好红色文化资源与思想政治理论课教学内容的结合与衔接”,实现有针对性的转化。这不仅有利于丰富高校思政课教学内容、创新教学方法、优化教学环境、开发课程教材等,而且有利于通过功能转化的多样化路径,提升思政课教学的感染力和实效性。

1. 完善红色资源在思政教学中的内容构成,开展丰富多彩的专题教学

在注重大学生主体性地位的基础上,通过引导他们逐步实现自我管理和自我完善,减轻大学生对高校思政课程的厌烦和排斥心理,依据思政课教学目标、结构框架与内容安排,深入把握红色资源的精神实质,进一步将红色资源运用到课堂教学中去,整合与领会其内涵、精髓、教育理念与文化价值。

选择丰富的红色教育内容,将红色资源的相关内容灵活贯穿于思政课程教学中,有效地与各个教学专题衔接起来。如讲授“中国近现代史”中的党史、近现代国史国情时融入红色事迹,帮助学生深刻理解革命理论形成、红色历史历程与道路选择。对红军二万五千里长征的史实进行教授,可以先播放相关影像资料,通过行进过程中人迹罕至的荒山草地,波涛汹涌的江流川峡,陡峻险恶的崇山峻岭等直观画面,感受万里长征的艰难险阻和红军勇往直前、不畏牺牲的革命意志与执着信仰,然后组织学生讨论如何将长征精神与社会发展及个人学习生活等联系结合;讲授马克思主义基本原理哲学部分时,将体现马克思主义理论品质、崇高社会理想和以人为本核心理念的红色精神蕴涵,同具体哲学原理穿插在一起,如理解物质统一性、一切从实际出

发、真理的实践标准、矛盾普遍性与特殊性、群众路线等马克思主义基本原理，有必要充分借鉴党在领导中国赢得一次又一次伟大胜利的具体实践中，所提炼出的理论观点、政策主张、实践方法和活生生的红色事实阐释论证原理；讲授毛泽东思想的形成与发展时，结合井冈山红色资源的整体优势，理解农村包围城市、武装夺取政权的革命道路形成的过程；讲授中国特色社会主义的领导核心时，结合若干红色精神的渊源与党的理论、方针、路线、政策的形成，论证党的重大思想战略的合理性与正确性；在讲授思想道德修养的实践过程时，引导学生阅读革命先辈的著名篇目或诗词名言，帮助学生从革命先辈的崇高信仰与道德风范中汲取理想价值观资源与精神财富。

根据高校思政课及思政课选修课开设实际，有针对性地根据大学生专业背景与兴趣爱好，开展诸如红色经典影视赏析等相关教学活动。在课时允许的情况下，可专门调整、增加或补充专题教学课时，用于教授不同类别、层次或角度的红色资源内容，并在预先的教学计划与教学方案里明确体现，还可开设有关红色资源内容的一系列讲座，制订讲座课程的实施方案，特邀红色资源研究领域的资深专家，或已有学术成果问世的青年才俊，或本土在特定研究方向出彩的研究人员，加强红色领域的优质课程开发，从多个方面与渠道了解红色资源的研究信息，使相关研究成果不断由学术资源转化为教学资源，让学术研究与课程教学结合更为紧密。

高校应充分发挥知识资源优势，积极推进红色资源进教材，可组织专家学者结合当地红色文化特色，从历史遗存遗迹与红色英雄人物中，提炼鲜活题材来编写本土讲义、红色资源辅读教材或简易普及读本，避免单一化的理论灌输，要格外注重红色资源话语，使其有效转化为散发浓郁地方乡土气息的红色资源文化。选取革命英雄事迹或当地红色故事案例时，要紧紧扣住时代主题，结合当代大学生喜闻乐见或关注度高的典型正能量事例展开论述，尽可能贴近大学生的日常生活，做到通俗易懂又不趋从媚俗。思政课教学是对大学生进行思政教育的主渠道，不管红色资源的呈现形式如何多样化，都会落实在教学行为上，都会在回归教学过程的师生角色上加以转化。

2. 创新红色资源在思政教育中的形式，探索多样课堂教学模式

高校思政课教学模式多种多样，比较常用的是教师直接讲述书本理论知识，以灌输必要的基础知识与文本内容，达到正面宣教的目的，以便在大学生中"生成'新红色文化'中具有时代气息的中国特色社会主义共同理想信念"。虽然运用较为普遍的灌输法开展教学，能够使大学生在课堂进度的有限时期内，获取相关红色革命知识，但这种大量分散的红色资源内容，难以经过有效的提炼被学生接受与领会，加之红色资源的引入，可能会同有限的课程教学时间冲突，出现时间分配不均、内容相对不够完整或聚合等情况。

这种灌输方式须配合其他多种形式的教学模式，如充分采取案例式教学，选取案例应拉近听课对象与红色资源的心理距离，在教师指导下增加学生参与的环节，有意识地引导学生调整思路，指导学生参与的方向与进程，让他们尽量主动跟上教授者的步调，自觉地获得新的问题解决思路，或受到进一步启发得到问题的结论；采取讨论式教学，以小组或班级为单位把学生组织起来，对红色资源的某些问题进行讨论，或围绕红色话题展开激辩，学生、师生之间都可进行交流，教师应及时把控讨论方向，把握红色资源内涵与意义的方向性，指导学生辨明是非；以音乐影像、实物为媒介还原红色资源原貌，增强学生的多维体悟；利用网络课堂展示跨地域的红色资源，拓展学生的认知维度；组织学生录制红色微视频，在自己表演还原的历史影像中找寻红色记忆；把思政课放到高校小型的展览馆厅，选择典型实物或图片，让大学生看后回到课堂上组织自由讨论；选择纪念日、重大活动等恰当的时机，在心灵契合点上把握展示的契机，适时给学生进行展示，有针对性地开展红色教育。

3. 分类拓展延伸思政第二课堂，践行体验式实践教学

实践教学是思政课教学的重要环节，思政课实践教学寓于红色资源之中，运用红色资源进行实践教学使我们的实践教学提升到一种民族精神传承和发扬的高度，应遵循贴近生活、贴近实际，贴近学生的原则，使红色文化与

红色精神在亲身感受红色峥嵘岁月中得以传承。

思政课教师团队应有针对性地制订切实可行的计划方案，提出明确的实践目标，并及时检验实践教学效果，提供进行实践结果心得体会交流的平台，以此充分践行体验式实践教育，使红色资源的教育价值转化达到最优。

一是移情体验型。红色文化形象生动鲜明，容易入脑入心，可由移情与理解式地亲身体察实现，也能在相对开放的空间下进行互动交流，获得再现与体验红色资源的机会。可组织学生参观相关红色资源物质载体，身临其境体验以获得真情实感。在红色历史遗迹、革命陈列馆、历史博物馆或革命烈士故居等景点中，可感受革命年代极其艰苦的革命斗争环境，从中受到红色资源的精神熏陶；遇到重大政治活动举行时，适时组织红色观展，可在全国或省、市党代会召开前后，带学生参观中共党代会或者重大会议遗址的史料展，自觉提炼红色精神的内涵；重大红色历史事件或社会运动纪念日，可联合思政课的教学资源，共同举办特定主题班会、党团活动；作为一种特殊的演出式教学，可组织大学生通过实地观看演出，将思想道德素质情感提高于无形；可精心设计，让学生亲身体验具体情境的实践形式，如重走革命足迹来实现尘封革命历史的重温，用自己的坚实脚步丈量中华民族艰苦卓绝的革命足迹，见证革命先辈波澜壮阔的红色岁月。学生亲临现场，感悟革命时代精神，增强了大学生对于高校思想政治理论课的认同感，所见、所闻、所感带来的心灵撞击与震撼，是书本上的理论知识远不能比拟的。

二是历史再现型。借助于后期的技术条件与多媒体教育手段，实现红色题材的历史回顾与革命建设真实情况的再现，在基地现场进行红色材料的加工操作，或请有过红色经历的人士现身说法来还原历史场景，或进行网络视频对话，使心灵在鲜活的历史事件中得到震撼与洗礼。通过榜样示范教育的方法，强调突出先进事迹，以鼓励大学生积极践行，使红色精神内化于心。

三是学术竞赛型。开展红色历史文化知识的专题学习。定期开展以“红色”为主题实践活动，诸如红歌会、红色演讲、红色论坛、红色辩论、红色小品、红色知识竞赛等，并定期邀请专家学者到学校作红色专题报告，充分发挥大学生“第二课堂”的作用，达到渗透红色精神的良好效果。

四是文艺欣赏型。推荐学生阅读红色经典文学文艺作品，组织或要求学生观看或收听经典影视歌舞剧作品，策划开展以红色文化为主题的书画作品展。结合不同专业进行红色文艺创作活动，如创作红色动漫、红色文化为主题的简笔画、油画、手工作品，开展红色文化报道、拍摄红色题材照片、制作介绍红色资源的视频等。不同专业班级必须因材施教，在充分了解学生专业背景的前提下，培养他们一定的学术研究和专业创作能力，使得大学生在轻松愉悦的红色文化氛围中，充分体现自身在教学活动中的主体地位，达到寓教于乐的教学目的。

五是调研实践型。借助红色历史教育题材，强调理论知识传输基础上的合作实践，以大学生为主体，通过深入、翔实的调查研究，梳理存在且亟待解决的突出重难点问题，运用辩证思维方法与现代思维方法加以分析思考，形成相关调查研究报告，使大学生在实践过程中赢得真情实感。以大学生暑期社会实践为平台，积极拓宽红色资源教学的渠道，引导在校生奔赴社会实践舞台，寻访老党员并为之提供各种志愿服务，或深入采访老前辈的英雄事迹，缅怀和聆听革命教诲等，用优秀的调研案例铭记革命与建设的光辉历史，凸显红色资源的精神实质。还可让大学生以讲解员志愿者的身份，参与基地的日常运行，给更多学生或游客讲解与普及红色革命建设历史，使育人与育己相统一，达到事半功倍的效果。

4. 借助网络信息平台，开展实时和非实时的交互式网络教育教学

高校思政课教学过程中红色资源功能转化，应重视网络教学的独特优势。借助网络信息交互性强、共享率高、交流便捷的特点，使红色资源从有限的现实空间，向无限的网络空间转化，实现学习功能、展示功能、欣赏功能、交流互动功能的一体化，形成网络思政教育主客体彼此的互动交流。大学生在这种虚拟实践活动中，能够充分利用形式多样、内容丰富的红色资源教学网

络，挖掘红色精神蕴涵。

利用网络这一有效的信息载体，在大学校园网上开辟红色资源专栏，选取具有典型教育意义且贴近大家生活实际的内容，整合与思政课相关的红色文献、红色基地和红色经典，应时而需地为大学生提供感兴趣的网络课程。把党史党章、经典文献、无产阶级革命家的功绩、英雄模范事迹、历史图片影像等，结合教学内容分专题上传网络。根据学生需要开设思政理论专栏，让大学生搜集并上传有教育价值、可读性强的红色素材，并对散见于各类网络媒介之中的红色故事进行挖掘，构建以红色精神为主脉的教学网络资源库与红色资源信息库。开展网络红色记忆展播、在线进行各类红色讲座、组织红色留言、党团员在线互动栏目，或在重大纪念日，通过常用网络交流方式进行网上纪念活动。利用网络时代新型工具，设立专为红色资源服务的博客群或微信群，提升红色博客或微信育人效果。

红色教育网页应根据大学生的需求而调整布局，积极体现网站内容的可读性与时代性。以红色系为醒目标识，在保证质量的同时加快更新频次，增加在豆瓣、知乎等学生熟知媒体上评价高、口碑好的红色文艺品，增加网页点击率，还可用网络流行的虚拟金币或者积分之类作为奖励。创新使用一些趣味性的表达，可链接相关红色资源教育网站，避免网站内容空洞化，以扩大网站影响的深度和广度。

健全网络运行机制，着力净化高校红色网络环境。有效体现红色教育的积极意义，应当抓好红色教育网站建设，建立校园红色网络环境的相关管理制度。从制度层面来规范网络运行，明确责任分工，确保校园网络信息的可靠与安全，规范网络信息采集发布的各个程序性步骤。利用必要技术等手段加以适时监控，封堵不良信息，建立健全校园网络平台的信息反馈机制，有针对性地搜集思政动向与网络舆情，发挥红色资源网站的意见领袖作用，高效、准确地将大学生网民的问题、建议与意见加以反馈，并且快速妥善地进行处理与指引，进一步净化思政课网络教学空间。

5. 将红色资源融入主流校园文化，充分打造高校红色文化软实力

高校校园文化，特别是与思政课延伸有关的文化内容，不仅包括课堂文化知识传授，还包括在课堂内外从事教学相关活动的精神映射。营造思政课外的红色校园文化育人氛围，充实校园文化的结构、层次与内容，需要在思政课外的校园文化建设中不断注入红色文化资源。

可以将红色资源丰富的教育意义，渗透进校园物质文化内涵实体中，介入具体的校园实物景观里，如在校园中树立革命英雄人物雕像、在校史馆开展红色主题展览、悬挂名言警句等，使红色资源在校园内可感、可见、可学，无形中使学生受到良好校园人文环境的浸润。通过提供以红色为主题的思政课外形式多样的实体展示，增强学生的红色认同。

不仅如此，还应充分发挥红色文化的软实力作用。红色资源是无形的先进文化，是在党领导下形成的文化体系结构。高校红色文化软实力，是思政课教学中的资源转化延伸，同校园文化建设有机结合起来，可以在潜移默化中发挥红色文化的魅力。组织开展积极向上的红色资源学术沙龙或文娱项目，作为思政课教学的有益延伸；举办书法、诗词、作文、绘画等比赛，营造红色育人文化氛围环境。根据不同高校的特点，打造以红色资源主题的课外思政文化品牌项目，同时借助多样化的宣教平台，如宣传长廊、校报、学生刊物、微信公众号、微博、校园广播等，让学生置身其中，加深认同与理解；将红色资源有效融入党、团活动，作为思政课教学的有益补充，把红色资源作为推进学习型党、团组织建设的有力抓手，通过举办党课、团课为主要形式的红色党、团系列活动，将红色资源的教学转化与党、团活动结合，将高校党、团组织打造成红色文化的传承弘扬者，增强红色资源转化的主体参与度；高校应促进校园社团文化的主体发展，积极引导大学生成立具有红色影响力的社会团体组织，支持与协调如红色学习、红色旅游、红色文艺、红色理论研究等方面的群体性团体，在教师指导下自主开展相关的红色教育活动，将灌输教育与主动式启发教育相结合，让大学生用行动成为红色文化传播的主体。

三、在学校育人共同体合力作用下实现红色资源功能转化

“尽管教育的根本价值在于育人，然而，这种育人的价值又是体现在共同体之中。”高校应加快构建起育人共同体以形成合力，提高红色资源在高校的转化能效。思政课教学中的红色资源转化，不能只靠教师或马克思主义学院单个部门的力量，高校应建立党委统一领导、相关部门紧密配合的合力运行机制，为其提供有力的系统化保障。高校领导应重视红色资源在大学生思政教学中的重要意义，将其放置于高校思政改革与整体规划、人才培养体系建设中通盘考虑，纳入高校意识形态建设规划，贯穿高校教书育人全过程。

1. 高校内部应建立统一的组织保障机制

重点研发红色资源的教育产品，进一步推动红色资源教学成果的转化。教学中红色书籍或影视课件配备、多媒体教学设备采购、相关红色主题活动开展，都要相关部门配合与参与。思政课实践教学涉及参观访问的外部联络事宜、外出经费支出、学生其他课程调整、交通工具的租用、其他硬件设施配给、基地场地资源联络等，这些不可能都由思政课教学机构完成，需要校方多个二级单位的鼎力配合。可成立专门的红色资源研究机构，借鉴井冈山大学、延安大学等挖掘利用红色精神的经验，开发研究当地红色资源，并将散布于各处的红色资源进行挖掘整合，提炼出使之系统化、条理化且与教学紧密联系的研究材料，形成优质的红色资源教学内容。

2. 高校应建立与其他共同体要素的外部协调联络与合作机制

由于红色资源本身是一种社会化的教育资源，高校应与红色资源所在地政府、社区等，建立起经常性且较为广泛的合作、共享与联络机制，建立长期而稳定的合作关系。高校采用红色资源开展教学，往往本着就近思路对相关资源进行取舍，这就使得本地或邻近地域成为主要选择，其他珍贵的红色记忆可能得不到挖掘或有效利用，不能从全局或整体上准确把握红色历程。必

须采取立体、动态、综合、联合开发的思路，发挥地缘优势，从思政教育教学发展规律和发展实际需求出发统筹规划，在透彻把握红色资源实质的基础上实现有机整合。充分利用社会资源开展校际合作，加强与当地具有红色资源单位的联系，打造具有比较优势的第二课堂。有针对性地打造红色教育实践基地，使其类别多样、功能细分、特色鲜明，为思政课实践教学活动展开提供有力的保障。将高等院校、文化文物保护系统、社科研究系统、党校系统、工商业系统的资源加以整合，通过联合参与的方式，开发、研究、宣讲、访学，互相沟通交流红色教育教学的研究成果，融入地方的红色资源特色，探索构建一体化的红色资源教学产品体系，推进研究向深度、广度发展。

3. 制定与完善科学的教育考核评价机制

将利用红色资源进行思政课教学及其延伸活动纳入考评范围，从整体上对红色资源与教学内容的关联度及转化成果进行科学评价。通过目标制定、教学方案、过程指标、开发实施、管理过程、调控反馈、运用转化效果等方面的评价，及时掌握红色资源在思政课中有效运用的状况，在梳理经验的基础上，探索进一步提高实效性的解决对策。从教学者角度看，教师是红色资源转化的教学主导者，在应用红色资源开展思政课教学特别是实践教学中，需投入大量精力，应将其实际工作表现作为评先评优的依据之一。从大学生角度看，根据课程内容安排，要求学生在实践教学中，独立或以组为单位完成调研报告或心得体会小结，实事求是表达观点立场，形成多重评价相结合的考评模式，可以对实践优秀者给予适当奖励，作为学生综合素质评价的考核依据之一。

红色资源的优质特性，已受到高校的关注与重视。红色资源的功能发挥，体现在高校思政课教学对象、内容、形式、技术手段等各个层面。红色资源的功能转化，既要深入挖掘红色内涵，又要将其与时代精神紧密结合，高校要抓住当前高校思政工作新的契机，推动育人共同体环境下的高校思政课在育人中发挥出红色资源功能的整体效应。

参考文献

[1] 斐迪南·滕尼斯.共同体与社会[M].北京：商务印书馆，1999.

[2] 吕志，黄紫华.探索·思考·提升：高校思想政治理论课建设巡礼[M].北京：中央编译出版社，2012.

[3] 李水弟.红色文化与传承[M].南昌：江西人民出版社，2009.

[4] 汪荣有，周利生.思想政治理论新课程教学研究[M].合肥：安徽大学出版社，2007.

[5] 冯东飞.高校思想政治教育中的精神动力问题研究[M].西安：陕西人民出版社，2014.

[6] 冯建军.教育哲学[M].武汉：武汉大学出版社，2011.

习近平新时代中国特色社会主义思想在青年学生中的有效传播策略研究*

周　霞

【摘要】　本文以马克思主义理论和思想政治教育理论为基础，借鉴传播学、教育学的相关学科理论和研究成果，以习近平新时代中国特色社会主义思想在青年学生中传播的有效路径为研究对象，通过对在青年学生中传播习近平新时代中国特色社会主义思想的必要性分析，结合习近平新时代中国特色社会主义思想在青年学生中传播现状的实证调研，提炼归纳习近平新时代中国特色社会主义思想在青年学生中的有效传播与接受的内在机理和联系，并根据传播要素及传播过程中要素间的关联互动情况，构建习近平新时代中国特色社会主义思想有效传播模式及其实现路径。

【关键词】　习近平新时代中国特色社会主义思想　青年学生　有效传播路径

习近平新时代中国特色社会主义思想，以一系列原创性、战略性的重大思想观点丰富和发展了马克思主义，是马克思主义中国化的最新成果。习近平新时代中国特色社会主义思想，既为党和国家事业开创新的局面发挥了重要指引作用，也为全党全国人民实现中华民族伟大复兴的奋斗道路指明了方向。青年学生是推动社会发展进步的重要力量，是中华民族复兴伟业的接续奋斗者和践行者。青年学生对习近平新时代中国特色社会主义思想的认知

* 本文为2021年度上海对外经贸大学“四史育人”网络文化工作室项目的阶段性成果之一。

和认同，将直接关系到中国特色社会主义的兴衰成败，直接关系着“两个一百年”宏伟目标的顺利实现。因此，在青年学生中有效地传播习近平新时代中国特色社会主义思想，是当前高校思想政治工作中的重要任务。

一、在青年学生中传播习近平新时代中国特色社会主义思想的必要性

“青年兴则国家兴，青年强则国家强，青年一代有理想、有本领、有担当，国家就有前途，民族就有希望。”习近平总书记对青年一代提出了殷切的希望。青年学生是社会主义事业的生力军，是新时代的见证者、开创者和建设者，其价值观念和理想抱负与中华民族伟大复兴、中国梦的实现紧密相连。

（一）加强意识形态阵地建设的需要

意识形态阵地是加强和改进意识形态工作的基本依托。历史已经多次证明，一个政权的瓦解往往是从思想领域开始的；一个社会的颠覆，也往往是先从意识形态阵地打开缺口。党的十八大以来，意识形态领域总体保持向上向好的态势，阵地意识明显提升，但同时也面临着更趋复杂的内外环境。当前，我国既面临着西方敌对势力“西化”“分化”的危险，同时伴随着改革开放和社会主义市场经济的纵深发展，人们思想活动的独立性、选择性、多变性、差异性不断增强。当代社会也存在着新自由主义、民主社会主义和历史虚无主义等各种错误的社会思潮，马克思主义在意识形态领域的指导地位受到了一定的冲击。

青年学生是意识形态领域斗争的主要争夺对象，高校是意识形态领域斗争的主阵地。加强高校意识形态阵地建设，是一项战略工程、固本工程、铸魂工程，事关党对高校的领导，事关全面贯彻党的教育方针，事关中国特色社会主义事业后继有人。因此，坚持用习近平新时代中国特色社会主义思想武装青年学生头脑，有助于青年学生全面了解中国特色社会主义的基本理论观

点，深刻把握中国特色社会主义的科学真理性和历史必然性，不断增强中国特色社会主义道路自信、理论自信、制度自信和文化自信；有助于青年学生坚定马克思主义的信仰，使他们自觉拥护中国共产党的领导，认清形势、明辨是非，坚定不移地走中国特色社会主义道路，巩固意识形态领域马克思主义的指导地位。

（二）培养社会主义时代新人的需要

我们所处的新时代，是中国特色社会主义新时代，也是青年学生成长成才、成就事业不容辜负的好时代。新时代是我们理解当前所处历史方位的关键词。新时代为青年学生成长成才、勤学报国提供了广阔的舞台和无限的机遇。新时代属于每一个青年学生，每一个青年学生都是民族复兴伟业进程的见证者和参与者，他们的成长历程和社会主义现代化强国的建设阶段是完全一致的。

党的十九大提出了“培养担当民族复兴大任的时代新人”的战略要求。习近平总书记指出：“中国梦是历史的、现实的，也是未来的；是我们这一代的，更是青年一代的。中华民族伟大复兴的中国梦终将在一代代青年的接力奋斗中变为现实。”因此，在全面建成小康社会的决胜阶段，中国特色社会主义进入新时代的关键时期，必须坚定不移地用新时代的新思想武装青年学生的头脑，引导青年学生树立符合时代潮流的世界观、人生观、价值观，坚定“四个自信”，坚定马克思主义的理想信念，因为这是关系国家和民族未来的战略性工程，是新时代培养担当民族复兴大任时代新人的迫切需要。

（三）促进青年学生成长成才的需要

青年学生正处在人生成长的关键时期，知识体系搭建尚未完成，价值观塑造尚未成型，情感心理尚未成熟，需要加以正确引导。青年的价值取向决定了未来整个社会的价值取向，而青年又处在价值观形成和确立的关键时期，抓好这一时期的价值观培养十分重要。正如习近平指出：“这就像穿衣服扣扣子一样，如果第一粒扣子扣错了，剩余的扣子都会扣错。人生的扣子从一开始就要扣好。”①

但是，随着全球化和信息化的发展，特别是新媒体时代的到来，伴随着我国市场经济蓬勃发展和互联网成长起来的“95后”甚至“00后”青年学生群体，既有积极向上、锐意进取，对国家政治认同、情感认同颇高的一面，也存在不重视政治理论学习，政治敏锐性和政治鉴别力弱，理性思维不足，人生观、价值观飘忽不定的状况。他们面对复杂的国际形势和各种利益的诱惑，极容易迷失方向，甚至误入歧途。所以，青年学生要成长成才，更好地实现自我价值和社会价值，就必须接受科学理论的正确引导，用习近平新时代中国特色社会主义思想武装头脑，认清新时代新矛盾新要求，把握社会发展趋势，进而将当前学习和未来发展有机衔接，将个人发展同社会发展趋势结合，在时代大潮中建功立业，成就精彩人生。

二、习近平新时代中国特色社会主义思想在青年学生中传播现状调查分析

2020年11—12月，本课题组开展了关于“习近平新时代中国特色社会主义思想在青年学生中的传播现状”的问卷调查。本次调查以上海市10所高校（上海交通大学、华东师范大学、华东理工大学、上海大学、上海对外经贸大学、华东政法大学、上海师范大学、上海应用技术大学、上海第二工业大学、上海杉达学院）1 000名全日制本科生为调查对象，涵括了重点本科、一般本科、高职高专和民办学校等不同层次的高校，选取不同年级、不同专业、不同生源的学生作为样本。本次调查发放、回收问卷历经3周，发放问卷1 000份，总共回收了937份，回收率达93.7%。

① 习近平谈治国理政[M].北京：外文出版社，2014。

（一）相关基本理论

任何科学问题的研究都必须是在一定的理论框架和基础上进行和展开的。本研究是在马克思主义理论、思想政治教育接受理论、传播学理论等相关学科理论基础上进行研究的。习近平新时代中国特色社会主义思想在青年学生中的传播有效性问题研究主要从传播结果的有效性、传播要素的有效性和传播过程模式的有效性三个层面展开。青年学生对习近平新时代中国特色社会主义思想是否接受和接受程度如何是评价有效性的最终标准。

（二）问卷设计

问卷的内容由四个板块构成，问卷问题分属于个人基本信息、学生的事实判断和实践意愿等。第一个板块以被调查者的性别、年级、专业和政治面貌等个人信息为主要内容（了解受众基本信息）；第二个板块以被调查者对习近平新时代中国特色社会主义思想内容的基本认知等为主要内容（了解习近平新时代中国特色社会主义思想传播的广度）；第三个板块以被调查者对践行习近平新时代中国特色社会主义思想意义的认识等为主要内容（了解习近平新时代中国特色社会主义思想传播的深度和有效性）；第四个板块以被调查者对学习践行习近平新时代中国特色社会主义思想认可的途径和方式等为主要内容（了解习近平新时代中国特色社会主义思想传播的有效渠道）。

（三）调查样本基本情况

此次调查主要以上海10所高校在读青年学生为对象，为了能够获取更多的信息并且保证信息的客观性、真实性，我们对被调查的青年学生做了地域划分、性别划分、专业类型划分和政治面貌划分，充分考虑区域性、层次性、代表性等特征。此次调查对象的具体情况如下：在性别方面，男生占49.1%，女生占50.9%；在专业方面，文科和理工科学生分别为60.5%和

39.5%；在年级方面，大学一、二、三、四年级学生分别为 45.5%，31.2%，16.8%和6.5%，其中，低年级学生（指大一、大二）占 76.7%，高年级学生（指大三、大四学生）占 23.3%；在政治面貌方面，党、团员学生占 25.3%，非党、团员学生占 74.7%。

（四）调研结果以及问题分析

通过对调查数据的深入分析，本次调查得出如下五个主要结论。

1. 习近平新时代中国特色社会主义思想在青年学生中的传播度、关注度比较高

调查显示：表示“非常了解”和“比较了解”习近平新时代中国特色社会主义思想内涵的学生达 80.9%；表示“非常了解”和“比较了解”中国特色社会主义进入新时代的原因的学生达 87.4%；表示“非常了解”和“比较了解”习近平新时代中国特色社会思想提出的原因的学生达 70.9%。

2. 习近平新时代中国特色社会主义思想在青年学生中的传播途径呈现多样化特征

青年学生了解习近平新时代中国特色社会主义思想的途径呈现多样性特征。排在前四位的依次是网络（96.7%），课堂教学（82.3%），书籍、杂志、报刊等（23.4%）和电视（15.8%）。网络是青年学生了解习近平新时代中国特色社会主义思想的首要渠道。调查表明，约有 96.7%的学生是通过网络了解习近平新时代中国特色社会主义思想的。青年学生希望借助理论讲授和社会实践活动来了解和熟悉习近平新时代中国特色社会主义思想的愿望比较强烈。在青年学生认可的学习践行习近平新时代中国特色社会主义思想的主要途径上，选择“考察式：组织同学们外出参观考察，增加切身感受”的占比达 95.3%，其他途径依次为研讨式、故事式、网络式、案例式、活动式、讲座式等。可见，青年学生更希望从理论和实践两个方面来获得其政治认知。

3. 青年学生对习近平新时代中国特色社会主义思想的了解具有群体性差别

这种群体性差别主要体现在三个方面：第一，男生和女生的差异；第二，文科与理工科学生的差异；第三，党员与非党员的差异。

例如，在回答关于“你认为当代青年学习习近平新时代中国特色社会主义思想重要吗?”时，表示“非常重要”和“重要”的男生比例为 75.2%，女生为 62.3%，相差 12.9%；认为“非常重要”和“重要”的文科生(88.7%)和理工科学生(69.6%)相差 19.1%、党员(95.4%)与非党员(57.8%)相差 37.6%。

又如，在问及“你对习近平新时代中国特色社会主义思想内涵的了解程度”时，回答“非常了解”和“比较了解”的比例，男生(83.6%)要比女生(78.2%)高出 5.4%；文科生(85.1%)要比理工科学生(76.7%)高出 8.4%；党员(91.3%)要比非党员(70.5%)高出 20.8%。

另外，在调查大学生对践行习近平新时代中国特色社会主义思想的意愿情况时，表示愿意践行的男生比例(79.7%)高于女生(72.7%)7%；文科生(78.5%)也要比理工科学生(73.9%)高出 4.6%；党员(96.8%)的践行意愿比非党员(57.6%)高出 39.2%。

总体来看，在学习习近平新时代中国特色社会主义思想的重要性、对其内涵的了解程度、践行意愿等方面，男生的比例都要高于女生，文科生要高于理工科学生，党员学生要明显高于非党员学生。

4. 青年学生对习近平新时代中国特色社会主义思想的了解度有待进一步提升

一是相当一部分青年学生对习近平新时代中国特色社会主义思想的具体内涵不太清楚；二是相当一部分青年学生对党的十九大报告中新时代重大论断提出的原因和习近平新时代中国特色社会主义思想提出的原因缺乏认识。因此，他们对学习和践行习近平新时代中国特色社会主义思想的认识和理解明显缺乏深刻性。调查显示，约有 2.4%的青年学生“完全不了解”习近平新时代中国特色社会主义思想的具体内涵。此外，有 18.7%的青年学生表示“不太清楚”中国特色社会主义进入新时代的原因，有 3.9%的青年学生表示“完全不了解”中国特色社会主义进入新时代的原因。有 20.8%的青年学生表示“不太清楚”习近平新时代中国特色社会主义思想提出的原因，有 8.3%的青年学生表示“完全不了解”习近平新时代中国特色社会主义思想提出的原因。

5. 习近平新时代中国特色社会主义思想在青年学生中的传播效果有待增强

调查显示，针对“习近平新时代中国特色社会主义思想对自己的人生规划以及学习、生活、工作有用吗?”这一问题，青年学生认为“一般”和“没有用”的占 36.1%；关于“对本校开展的习近平新时代中国特色社会主义思想‘三进’(进教材、进课堂、进头脑)有效性看法”认为“效果一般”的占 28.9%，认为“完全无效”的占 4.1%。“对学习践行习近平新时代中国特色社会主义思想的意愿怎么样”表示“无所谓”和“不愿意”的加起来达 23.8%。此外，“在认识当今经济、政治、文化、社会、生态等问题时，您能做到结合习近平新时代中国特色社会主义思想进行分析吗?”回答“完全做不到”的学生占 4.5%。

三、探索习近平新时代中国特色社会主义思想有效传播路径的策略

在青年学生中传播习近平新时代中国特色社会主义思想的过程是马克思主义中国化的最新理论成果传播、接受、信仰的过程，如何在这个过程中拓展途径，创新方法，引导青年学生主动接受、自觉运用习近平新时代中国特色社会主义思想并指导实践，是我们当前所面临的重大而紧迫的课题。

(一) 提升传播者素质能力，掌握传播主导权

思想政治理论课教师是联系理论与青年学生的桥梁和纽带，肩负着引导

和教育青年学生的责任和义务，思想政治理论课作为传播理论的主渠道，其真情实感来自教师对理论的真学、真懂、真信、真用。也就是说，对习近平新时代中国特色社会主义思想的传播效果产生直接影响的是思想政治理论课教师的坚定信仰和忠实践行。

作为传播者，思想政治理论课教师必须认真研读习近平新时代中国特色社会主义思想，增强理解，坚定信仰，并将习近平新时代中国特色社会主义思想与自身实际和学生实际相结合，通过自身的严谨治学，以精湛的学问教育学生，以高尚的人格感染学生，从而发挥好自身的示范作用，扮演好“引路人”的角色。

（二）尊重青年学生主体地位，增强传播有效性

青年学生是具有自主性、积极性、创造性等主体性特征的人，他们的主体地位应该受到尊重，他们的主动性、创造性应该得到激发。所以在青年学生中传播习近平新时代中国特色社会主义思想，必须改变过去在教育活动中强调教育者的主导作用、把受教育者置于消极被动地位的做法，而是要更注重师生之间、学生之间、学生与文本之间的对话，使学生始终处于“在思维”的状态。同时，思想政治理论课教师必须转变教育观念，时刻以教学过程中的“四个同样重要”来严格要求自己，即“落实与学习同样重要、教学与科研同样重要、内容与方法同样重要、教师与学生同样重要”，尊重青年学生的主体地位，充分调动青年学生学习习近平新时代中国特色社会主义思想的自觉性，使学生真正将这一理论内化于心。

（三）优化传播方式，增强传播可接受性

从问卷调查结果中可以发现，青年学生认为影响习近平新时代中国特色社会主义思想传播效果的主要因素是“传播方式与社会现实生活的严重脱节和巨大反差”（97.3%）以及“传播方法、考评方式单一”（93.8%）。他们认为最有效的传播方式是“考察式：组织同学们外出参观考察，增加切身感受”

(95.3%)。因此,我们必须以青年学生喜闻乐见的形式开展活动,营造传播习近平新时代中国特色社会主义思想的良好氛围。

1. 依托丰富多样的校内实践活动

高校是由教师、学生、管理人员等主体要素,教学、管理、服务、学习等行为要素以及自然因素、人工设施等组成的环境要素构成的统一体。它是青年学生活动的主要场所,是开展习近平新时代中国特色社会主义思想传播的主阵地。我们可以以校园环境为载体,寓教育于文化活动之中,开展校园实践教学,使青年学生在潜移默化中实现从理论到实践的转化。

一是要大力开展各种活动,以健康有益的活动感染青年学生,促进青年学生对马克思主义理论的理解。比如面向青年学生,广泛开展"与信仰对话"主题党、团日活动;针对党的十九大报告开展与之相关的知识竞赛、时政论坛、征文比赛、演讲比赛、朗诵比赛、话剧比赛等。二是成立习近平新时代中国特色社会主义思想学生研习社,以此为平台开展一系列宣讲活动。另外,还可以借助动漫社等平台,以形象鲜明的动漫等大家喜闻乐见的方式对习近平新时代中国特色社会主义思想进行解读和宣传。

2. 开展生动有趣的校外实践活动

马克思曾指出:"人的思维是否具有客观的真理性,这不是一个理论的问题,而是一个实践的问题。"[3]社会实践是从理论认知转化为理论实践的重要载体和桥梁,是青年学生走出校园直接参与社会活动、了解社会政策的有效途径。

一是组织青年学生到红色景点、历史遗迹、博物馆等地参观调研,使青年学生领悟中华民族的伟大和中国人民的精神;二是组织青年学生参加"三下乡"实地走访、社会调查等社会实践活动,使青年学生更多地接触社会,亲自调查,感悟新时代中国发生的变化,增进对党情、国情、民情的了解,在实践中认识和检验习近平新时代中国特色社会主义思想的真理性,增强青年学生的时代使命感和责任感,努力为实现中华民族伟大复兴的"中国梦"贡献自己的力量。

（四）媒介融合，扩展传播方式

“90后”“00后”被称为网络原住民，互联网对学生的影响越来越大，从一定意义上说，谁赢得了互联网，谁就赢得了青年。高校可建立形象鲜明的主题学习网站，注重“两微一端”建设，选择互动性较强的话题，采用图文、音频、游戏等多种形式增强时代感和吸引力。通过开设媒介素养教育课程，帮助学生树立正确的新媒体观念，促进青年学生的媒介素养形成，提高学生面对各种信息时的选择能力、理解能力、质疑评估能力。

1. 充分运用新媒体力量，利用高校校园微信公众号传播

微信作为新媒体技术的重要组成部分，已经逐渐成为各高校发布信息的平台。校园微信公众号传播信息，覆盖面广，信息传播速度快，保证每名学生都能平等接收消息。因此，借助高校校园微信公众号，通过专题的形式，将习近平新时代中国特色社会主义思想的具体内容以消息的形式推送，引导学生将学习的感受以留言的形式评论在留言区，并将学生中有代表性的思想，通过整合的形式，再以微信的消息进行推送，引导学生参与讨论。结合习近平新时代中国特色社会主义思想和青年学生自身的学习生活实际，把传播习近平新时代中国特色社会主义思想贯穿于学生的日常生活中。微信公众号传播形式的运用，打破传统的被动学习思想政治理论的局面，将理论传播融入学生的日常生活中，能够使学生在学习过程中有轻松的体验，提升传播效果。

2. 合理使用高校校园网络教学方式传播

可以将习近平新时代中国特色社会主义思想的讲解内容录制成视频的形式，作为学生思想政治理论课程中必修的一部分学分，指导学生在学校网络教学平台观看学习。这样有利于对传播习近平新时代中国特色社会主义思想过程中的重点难点问题进行系统化的讲解。网络教学平台所

业提交功能，更是检验高校传播习近平新时代中国特主义思想效果的最佳途径。

还可利用校园网络聊天室，开展学习习近平新时代中国特色社会主义思想畅所欲言的活动，让学生各抒己见。通过学生的发言，密切关注学生的思想变化，及时纠正学生在学习过程中出现的思想偏差。

合理使用高校校园网络教学方式，一方面有助于借助校园网络平台，为开展青年学生学习践行习近平新时代中国特色社会主义思想活动打下坚实的基础；另一方面有利于充分发挥高校校园网络教学平台的优势，为高校的思想政治教育活动服务。

参考文献

[1] 习近平.决胜全面建成小康社会夺取新时代中国特色社会主义伟大胜利——在中国共产党第十九次全国代表大会上的报告[N].人民日报，2017-10-28.

[2] 中央宣传部(国务院新闻办公室)，中央文献研究室，中国外文局.习近平谈治国理政[M].北京：外文出版社，2014.

[3] 马克思，恩格斯.马克思恩格斯选集：第1卷[M].北京；人民出版社，1995.

[4] 杨建义，李建平.青年学生思想政治教育路径研究[M].北京：社会科学文献出版社，2009.

[5] 郭庆光.传播学教程[M].2版.北京：中国人民大学出版社，2011.

[6] 章洁.大众传媒心理学教程[M].杭州：浙江大学出版社，2011.

[7] 张晓峰，赵鸿燕.政治传播研究：理论、载体、形态、符号[M].北京：中国传媒大学出版社，2011.

[8] 威尔伯·施拉姆，威廉·波特.传播学概论[M].2版.何道宽，译.北京：中国人民大学出版社，2010.

[9] 甘布尔.有效传播[M].7版.熊婷婷，译.北京：清华大学出版社，2005.

[10] 孙立军，刘爱军，王琰.以习近平新时代中国特色社会主义思想为指导扎实推进青年学生思想政治工作改革创新[J].思想理论教育导刊，2017(11)：21-24.

[11] 孙来斌.用习近平新

科学,2018(2):23-26.

[12] 梁云.以科学的理论武装大学生—

究[J].四川文理学院学报,2018(3):122-